LA RELIURE D'ART - LIMOGES
2003

I0135582

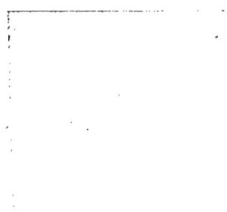

CHAMPFLEURY

CONTES CHOISIS

Les Trouvailles de Monsieur Bretoncel
La Sonnette de Monsieur Berloquin
Monsieur Tringle

NOMBREUSES ILLUSTRATIONS DANS LE TEXTE

A L'EAU-FORTE ET EN TYPOGRAPHIE

Par EVERT VAN MUYDEN

PARIS

MAISON QUANTIN

COMPAGNIE GÉNÉRALE D'IMPRESSION ET D'ÉDITION

7, rue Saint-Benoît, 7

1889

CONTES CHOISIS

DE

CHAMPFLEURY

CETTE ÉDITION A ÉTÉ TIRÉE

à 1,000 exemplaires numérotés

———————

945 sur papier vergé du Marais, 1 à 945.

50 sur papier du Japon, avec suites, V à LV.

5 sur papier du Japon, numérotés de I à V, avec
aquarelle originale sur le titre.

———————

EXEMPLAIRE N°

Paillet inv   H Manesse sc

CHAMPFLEURY

CHAMPFLEURY

CONTES CHOISIS

Les Trouvailles de Monsieur Bretoncel
La Sonnette de Monsieur Berloquin
Monsieur Tringle

NOMBREUSES ILLUSTRATIONS DANS LE TEXTE

A L'EAU-FORTE ET EN TYPOGRAPHIE

Par EVERT VAN MUYDEN

PARIS

MAISON QUANTIN

COMPAGNIE GÉNÉRALE D'IMPRESSION ET D'ÉDITION

7, rue Saint-Benoît, 7

1889

LES

TROUVAILLES

DE

MONSIEUR BRETONCEL

LES TROUVAILLES

DE

MONSIEUR BRETONCEL

L E célèbre agent de change Bretoncel était un amateur de hautes curiosités. On entend par là des curiosités qui ne sont pas toujours curieuses ; mais leur prix élevé donne à croire aux gens qui s'en rendent acquéreurs que par là ils offrent quelque ressemblance avec les Médicis. Et ainsi, entassant dans leurs salons qui ressemblent à des boutiques de bric-à-brac émaux, jades de la Chine, armes damasquinées, cristaux vénitiens, ils se regardent comme des protecteurs de l'art.

Pendant l'automne, M. Bretoncel passait un mois de vacances dans une riche propriété située sur les bords de l'Oise, et son temps n'était pas inoccupé. Là, comme à Paris, la manie de curiosités ne le quittait pas; il courait les environs à pied, et les objets, que certainement il n'eût pas regardés à l'hôtel Drouot, lui semblaient merveilleux lorsqu'il les trouvait en furetant. Un chasseur qui ne rapporte rien dans son carnier tue un moineau de buisson, se le fait apprêter à déjeuner, et le trouve meilleur qu'une bécasse; il en est de même du collectionneur.

Un jour, l'agent de change avait ainsi battu tout le pays pour la plus grande fatigue de ses jambes qui demandaient grâce. Il était cinq heures du soir. M. Bretoncel rentrait mélancoliquement au logis les mains vides, lorsqu'à la porte d'un cabaret il avise un dressoir chargé de vaisselle grossière, et aussitôt voilà un homme en arrêt, regardant si quelque objet précieux ne se cache pas dans la pénombre.

— Entrez, monsieur, dit la cabaretière, qui, voyant un homme fatigué, lui offre une chaise.

Au lieu de se reposer, M. Bretoncel fait le tour de la salle, jette un regard ardent sur chaque coin enfumé, et enfin s'arrête devant le manteau de la cheminée, où était pendue une vieille écumoire.

L'agent de change la décroche, la tourne, la retourne, et regarde au jour cette passoire d'un médiocre intérêt, sauf que les trous, par une ingénieuse disposition, formaient un nom et la date de 1749.

— Combien vendriez-vous cette écumoire? dit-il.

La cabaretière se fait d'abord prier. L'objet vient de sa grand'mère et il lui coûte de s'en défaire ; mais, comme

M. Bretoncel insiste, moyennant dix francs il devient possesseur de l'écumoire qu'il étudie plus à l'aise, assis sous le manteau de la cheminée, frottant le cuivre pour lui rendre son éclat primitif.

Deux paysans étaient attablés dans le cabaret devant un pichet de cidre, causant de procès, de fermages et de récoltes.

— Qu'est-ce que veut cet homme-là? demande l'un d'eux à la cabaretière, qui répond qu'elle vient de céder à un chercheur de vieilleries une passoire pour une bonne somme, ce qui lui permettra d'en acheter une neuve avec une paire de poulets par-dessus le marché.

— Si c'est ça, dit le paysan en élevant la voix de façon à se faire entendre de M. Bretoncel, j'ai à la maison une fameuse antiquité.

Antiquité! L'agent de change dresse les oreilles et demande au paysan de quoi il s'agit.

— Je n'en sais pas davantage. Les enfants ont trouvé l'objet dans le grenier, et je vous garantis qu'il y était depuis bel âge.

Grenier, longtemps sont de ces mots qui frappent tout amateur.

M. Bretoncel presse de questions le paysan.

— Tout ce que je peux vous dire, monsieur, c'est que ça brille, qu'il y a comme un ange doré et de l'écriture dessous.

Brille, écriture, ange doré s'ajoutent à *grenier* et *longtemps* et fournissent un fonds d'inductions qui peuvent mettre sur la trace d'un objet précieux.

L'agent de change se lève, promène ses inductions, et n'en tirant rien se rassied.

— Que représente l'objet?

— Malheureusement il n'y a pas de maître d'école dans notre contrée, sans quoi je me suis déjà dit que je lui aurais donné l'écriture à déchiffrer.

— Est-ce un tableau?

— C'est un tableau sans l'être. Pour sûr, il y a du métal.

— Du métal! s'écrie l'agent de change, en ouvrant de grands yeux comme pour apercevoir l'objet. Est-ce grand?

— Ni trop grand ni trop petit.

— Enfin de quelle taille à peu près?

— Monsieur, sauf votre respect, comme le cul d'une *castrolle.*

Là-dessus le paysan se lève et endosse sa carnassière.

— Vous partez déjà, mon brave homme?

— J'ai une lieue avant d'arriver à la maison.

— Vous accepterez bien un verre de vin pour vous donner des jambes.

— Ce n'est pas de refus, monsieur.

La bouteille sur la table.

— Vous dites donc qu'on remarque de l'écriture et un ange?

— Attendez... je me rappelle maintenant, l'ange joue de la musique... avec une trompette.

— Sujet religieux, se dit l'agent de change, avec légende explicative.

Il se lève, décroche une casserole et l'apporte sur la table.

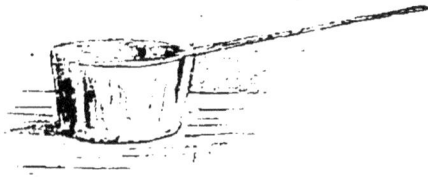

— L'objet est donc de cette taille?

— Juste, monsieur, sauf que le dessus n'est pas plat... il est comme bombé.

— Et sans doute creux en dessous? reprend M. Bretoncel.

— Ma parole, vous parlez comme un sorcier.

L'agent de change a peine à cacher son émotion. Sa respiration est oppressée, son cœur palpite, ses mains tremblent.

Il n'y a pas à en douter, il s'agit d'un émail !

Aussitôt un inventaire sommaire se fait dans le cerveau du collectionneur. L'objet a été trouvé dans un *grenier,* où il était caché *il y a bel âge,* suivant le mot du paysan. Donc il est *très ancien.* Il *brille.* Un *ange* sonnant de la trompette est représenté avec une *légende dorée* en exergue. Le métal est à la fois *concave* et *convexe.*

C'est assurément un merveilleux émail provenant d'un ancien château ou de quelque couvent des environs. Quelle gloire de tirer de l'obscurité un admirable ouvrage de Léonard Limosin ou de Pierre Courtois !

Pourtant il faut cacher toute émotion, de peur que le paysan ne s'en aperçoive. Ces gens de campagne sont si retors ! M. Bretoncel est sur le point de « faire un coup » ; des palpitations l'en avertissent.

— On peut voir cet ém... ? Hem ! hem ! s'écrie l'agent de change, faisant rentrer violemment la dernière syllabe dans son gosier.

— Oh ! monsieur, la vue n'en coûte rien. Vous pourrez même, le jour qu'il vous plaira, vous donner la satisfaction de voir mes mioches faire la dînette dedans.

— Les scélérats ! s'écrie M. Bretoncel.

— S'il vous plaît ?

— Comment ! vous laissez des enfants jouer avec un tel objet?

— Il faut bien que les mioches s'amusent.

— Mais déjà n'ont-ils pas détérioré cet ém... Hem! hem!

— Il est solide; le vernis le protège.

— Consentiriez-vous à me céder cette antiquité? dit l'agent de change.

— Je ne dis pas non, monsieur... C'est les enfants qui y tiennent le plus.

— J'ai presque envie de vous accompagner...

— Avec plaisir, monsieur. Il n'y a qu'une lieue.

— Madame, dit l'agent de change à l'hôtesse, servez-nous trois petits verres d'eau-de-vie, de votre meilleure.

Comme il s'agit de se mettre tout à fait dans les bonnes grâces du paysan, Bretoncel boit l'eau-de-vie, non sans grimace, et trinque avec l'homme.

On se met en route; mais, à dix pas de la porte, le paysan revient sur ses pas sous le prétexte de chercher sa pipe.

— Sans indiscrétion, la mère, dit-il à l'aubergiste, combien le bourgeois a-t-il payé l'écumoire?

— Voilà la pièce, dit la femme en tirant de sa poche les dix francs.

— Bon ! s'écrie le paysan, qui, ayant allumé sa pipe, revient l'air indifférent vers son compagnon de route, en envoyant de grosses bouffées de fumée.

On parle des enfants. L'agent de change questionne

son compagnon de route sur leur âge, leur sexe, et comme en ce moment on passe devant l'épicier du bourg, M. Bretoncel prie l'homme de l'attendre, entre dans la boutique, et en ressort quelques instants après chargé de poupées, de polichinelles, de sacs de bonbons.

— Comme vous voilà harnaché, monsieur ! dit le paysan. Ces joujoux-là vont vous gêner pendant la route.

— Votre petite famille m'intéresse, répond l'agent de

change, et je me fais un véritable plaisir d'offrir ces jouets
à vos enfants.

— Vous allez leur faire l'effet du bon Dieu ; ma parole !... Les enfants de chez nous ne sont point habitués à
de pareilles largesses.

Pendant une demi-heure la conversation roule ainsi
sur des matières indifférentes. M. Bretoncel affecte de
ne pas parler du hasard qui, en le jetant sur la trace
d'une merveille, l'a conduit par les chemins, chargé de
paquets de toute sorte. Cependant, de temps en temps il
revient à l'objet de sa recherche :

— Vous ne craignez pas de laisser manger vos enfants
dans du cuivre ?

— Puisque je vous dis, monsieur, que le creux est
verni comme le dessus.

— C'est bien un émail, se dit l'agent de change.

Tout au loin brillent à travers les peupliers les toits
d'ardoise d'un corps de ferme. Le cœur de l'agent de
change s'épanouit. Encore une portée de fusil, et la merveille apparaîtra à ses yeux !

— Ce n'est point là notre village, dit le paysan ; nous
ne sommes encore qu'au bourg où nous nous approvi-
sionnons.

M. Bretoncel pousse un soupir. Les paquets de poupées commencent à l'embarrasser, et il faut les porter à
des morveux qui ont peut-être endommagé un précieux
objet d'art ! Mais la dissimulation est nécessaire pour arri-

ver à la possession, et l'agent de change refoule au fond
de lui la gêne qu'il éprouve.

Les voyageurs traversent la place du bourg, où un
gros bas en bois se détache de la façade
d'un magasin de cotonnades.

— C'est pourtant ici, dit le paysan,
que ma femme m'avait recommandé de lui acheter une robe; malheureusement il y a eu du
tirage au marché aujourd'hui, les grains sont en
baisse..., ce sera pour une autre occasion.

L'appel à la générosité du collectionneur est
direct, mais les femmes sont dures en affaires et il est bon
de les amadouer.

— Si une robe peut être agréable à votre ménagère,
dit M. Bretoncel, qu'à cela ne tienne.

En même temps il entre dans la maison du Grand
Bas bleu. D'un geste, désignant une étoffe à l'étalage :

— Montrez-moi cet émail, dit-il.

— Email! répète la marchande étonnée.

— Hem! hem! fait l'agent de change effrayé, regardant si son compagnon ne l'a pas entendu; mais le paysan
est assis sur le pas de la porte, rêvant au hasard qui lui
a fait rencontrer une telle vache à lait.

M. Bretoncel, l'étoffe coupée, sort avec un nouveau
paquet sous le bras, en pensant :

— Si mes confrères de la Bourse me voyaient dans
cet équipage!

La passoire de cuivre est accrochée à un bouton de la redingote; les paquets de bonbons sortent à moitié des poches; les deux mains retiennent des poupées et des polichinelles, et, sous le bras gauche, l'agent de change porte la robe enveloppée.

Le paysan offre de se charger de la moitié des paquets; mais M. Bretoncel, par une superstition commune aux collectionneurs, n'y veut consentir. Il ne peut faire aucun mouvement des bras; sa marche est gênée. Cette gêne et cette contrainte ne sont pas sans charmes. Par là l'amateur se souvient à chaque pas qu'il marche à la conquête d'une merveille. Si ses nerfs en souffrent, l'émail reluit d'un plus vif éclat dans le lointain.

M. Bretoncel pense au duc de Coyon-Latour, qu'il a rencontré dans les rues de Paris, portant sur ses épaules un énorme buste en marbre qu'il venait d'acquérir, et il se dit que lui aussi, pour marcher sur les traces d'un collectionneur si illustre, doit porter la croix de la curiosité.

— C'est une chance tout de même de vous avoir rencontré, monsieur, dit le paysan. Tous les gens de la ville ne sont pas si généreux...

— Le chemin est-il encore bien long?

— Dans une petite demi-heure.

— Mais voilà déjà deux heures que nous marchons.

— Eh! monsieur, je vous avais bien prévenu qu'il y avait une bonne lieue.

— Une bonne lieue! s'écria M. Bretoncel effrayé.

Car si une lieue de paysan en vaut deux, combien peut représenter une *bonne lieue ?*

— Patience, monsieur... Nous voilà bientôt au Quercy... Vous voyez le clocher?

— Ah! s'écrie le boursier... Ce clocher tout là-bas?

— Après le Quercy, en forçant le pas, il n'y en a plus que pour un gros quart d'heure.

A ce mot de *gros quart d'heure,* M. Bretoncel laisserait volontiers tous ses paquets sur la route.

— Heureusement, dit le paysan, nous allons trouver à la porte du Quercy une auberge où on vend du petit blanc, sec comme une pierre à fusil, qui rendrait des jambes à un moribond.

Grâce à un violent effort, l'agent de change arrive à
l'auberge, où il jette sur la table poupées, polichinelles,
passoire et robe.

— Vous êtes en retard aujourd'hui, Sureau, dit la
cabaretière au paysan... La nuit va vous surprendre avant
d'arriver.

— Nous avons causé avec monsieur, dit Sureau.

— Décidément, dit M. Bretoncel éclatant, combien
faut-il de temps pour arriver chez vous?

— En traversant le Quercy dans toute sa longueur, nous
serions chez nous pour le souper; mais je dois vous dire...

Sureau se grattait le front.

— Parlez.

— C'est que je suis obligé de faire un détour dans les
terres.

— Dans les terres?

— Sans doute le pavé est préférable; mais au milieu du village il y a la maison d'un guerdin de juge de paix

qui me donne des tremblements de colère quand je passe devant... Certainement ce chemin-là raccourcirait la route de vingt bonnes minutes...

— Il faut le prendre, s'écrie M. Bretoncel; partons. Et il endosse ses paquets.

— Mais si le guerdin de juge est devant sa porte, je

ne réponds pas de moi ; il arrivera un malheur que vous
vous reprocherez toute votre vie.

— De quoi s'agit-il?

— Pour vous dire la vérité, monsieur, voilà ce que
c'est en quatre mots. J'étais en retard d'une petite amende

de dix-huit francs... Croiriez-vous que le guerdin m'a
déjà couché sur son livre pour six francs cinq sous de
frais, quoique j'aie raison. On est un homme ou on ne
l'est pas... Je ne peux pas voir le guerdin en peinture...
Et voilà pourquoi je fais une demi-lieue de plus tous les
soirs pour ne pas le rencontrer.

— Une demi-lieue de plus! dit M. Bretoncel. Allez
payer vite, mon brave... Tenez, voilà quarante francs.

Et pendant que le paysan entre chez le juge de
paix :

— Émail! émail! émail! s'écrie l'agent de change à plusieurs reprises.

Comme un ivrogne qui se gorge de vin à un tonneau pendant l'absence des propriétaires, M. Bretoncel prononce le plus souvent qu'il le peut le mot qui ne doit plus sortir de sa bouche jusqu'à la conclusion du marché.

— J'ai payé! s'écrie le paysan, qui revient radieux de la justice de paix, mais je me suis permis de dire au guerdin ce que je pense... Voilà le papier acquitté. Ah ! les frais de justice, ça court plus vite qu'un lièvre.

Si le paysan montre la facture, il ne montre pas la monnaie de la pièce de quarante francs ; mais M. Bretoncel se dit qu'il tient la femme, le mari, les enfants, et qu'il n'y a plus à revenir sur le marché.

La dernière traite est dure. La nuit vient petit à petit. M. Bretoncel tire la jambe; une dernière fois il appelle à son aide le mirage de l'émail. Enfin, mourant de faim et de fatigue, l'agent de change arrive à la maison du paysan.

—Hé! femme, où es-tu? Voilà une robe qu'un monsieur t'apporte en cadeau.

Une grande femme maigre ose à peine jeter un regard

sur l'étoffe qui lui semble plus brillante que tous les tissus de l'Inde.

— Eh bien, tu ne dis rien?... Remercie donc monsieur et donne-lui un banc... Il est un peu fatigué.

— Ce n'est pas la peine... Voyons cet... hem! hem! l'objet en question.

— Ah! c'est juste... Où est-il?... Les mioches auront emporté l'écuelle dans le clos. Ma femme, va donc chercher l'antiquité avec quoi les enfants s'amusent... Monsieur est venu de la ville pour voir...

La femme reste clouée contre le mur.

— C'est que, dit-elle, je l'ai donnée aux bêtes.

— Un émail aux bêtes! s'écrie M. Bretoncel perdant tout son sang-froid.

— Ne trouvant plus la terrine des cochons, dit la femme, je leur ai taillé des pommes de terre dans l'écuelle.

— Mais ils auront troué l'émail avec leur groin! s'écrie M. de Bretoncel.

La fermière semble interdite.

— Allume le crasset, femme, qu'on aille voir à l'étable.

La porte de l'étable est ouverte. Les cochons poussent des grognements. Le paysan les bourre de coups pour les écarter de leur platée.

— Voilà l'antiquité, dit l'homme, après avoir jeté les rondelles de pommes de terre qui l'emplissaient.

— Ça! s'écrie l'agent de change avec un cri de stupéfaction.

L'émail tant convoité est une *plaque d'assurance!*

Vernie, dorée, avec une Renommée dorée, des lettres au-dessous, bombée extérieurement, creuse intérieurement. Tous les caractères dont M. Bretoncel avait inféré qu'il s'agissait d'un émail sorti des fabriques de Limoges!

C'est en de telles circonstances que les amateurs retournent au logis l'oreille basse, l'œil morne, honteux, brisés de fatigue, sans illusions pour oublier la longueur de la route.

C'est ainsi que revint M. Bretoncel, regrettant ses cadeaux et ses largesses.

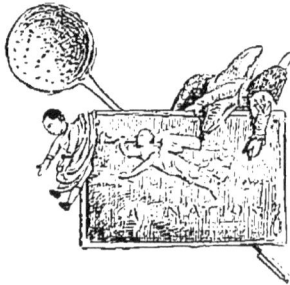

LA SONNETTE

DE

MONSIEUR BERLOQUIN

LA SONNETTE
DE MONSIEUR BERLOQUIN

I

U NE des fêtes de l'Église attendue avec joie par les fidèles est assurément la nuit de Noël. Dans la plupart des provinces de gais divertissements succèdent au service religieux, au sortir de la messe de minuit. Après un souper joyeux, dans lequel le porc joue son rôle à travestissements, plutôt il est vrai pour le plaisir des autres que pour le sien propre, c'est alors qu'une appétissante odeur de carbonnade emplit la maison et fait oublier

4

par son fumet les fatigues de cette veille inusitée. Tout
provoque l'appétit; le boudin pousse à boire, la boisson
fait couler le boudin. Une gaieté particulière anime les
assistants, qui ne se séparent qu'à regret, en se donnant
rendez-vous pour de semblables victuailles au Noël
suivant.

Mais il faut avoir assisté à la messe de minuit de

Loches pour bien se rendre compte des braves bourgeois
tourangeaux quand ils sont à table et de la bravoure
excessive avec laquelle ils attaquent les plats.

Dans les rues de Loches, à peine la messe dite, on
n'entend qu'un cri de joie ; les maisons, qui d'habitude
sont plongées dans l'obscurité à partir de huit heures du
soir, sont illuminées par les lueurs vacillantes des falots
ou de doubles lanternes se balançant à chacune des extré-
mités d'un bâton que portent devant leurs maîtres une
servante, un vieux domestique ou un petit laquais.

Ces lanternes, curieusement ouvragées, que les inventions modernes ont fait reléguer dans les cabinets d'antiquités à côté des imposantes bassinoires du xviiᵉ siècle,
furent appelées *falots*, en raison sans doute des jeux
de lumière capricieux et fantastiques que produit leur

suspension ; elles piquetaient de curieux reflets les an-
ciens balcons de fer ouvragé, les barreaux ventrus qui
protègent les fenêtres du rez-de-chaussée, les enseignes
des marchands, les vieux et respectables marteaux de
portes.

Il n'y avait guère que le cul-de-sac des Trois-Visages
que les falots n'éclairaient pas. Ce cul-de-sac, déshérité

des feux de la Noël, est composé de trois maisons, dont
deux inhabitées; la troisième appartient de temps immé-
morial à M. Berloquin, le seul habitant de Loches
qui ne se réjouissait pas de la messe de minuit et passait
anxieusement sa soirée depuis six années à attendre la
catastrophe qui troublait sa tranquillité.

Combien elles étaient poignantes les anxiétés de
M. Berloquin! Depuis six ans une main coupable n'avait
pas craint de briser la sonnette de la maison dans cette
nuit solennelle qui, pour tous, était
une nuit de félicité.

Six sonnettes avaient succombé
pendant cette période. L'enfant Jésus
n'avait pas été assez puissant pour
conjurer le bris des sonnettes de
M. Berloquin.

Il arrive souvent dans les plus
honnêtes provinces que les sonnettes, même celles des fonctionnaires
les plus haut placés, ne soient pas
respectées. Certains tapageurs met-
tent leur gloire à clocher aux portes, à faire venir inutilement les
domestiques, à réveiller d'honnêtes bourgeois couchés
de bonne heure. De tels faits sont fréquents; mais
six sonnettes arrachées à la même heure, à l'occasion
d'une fête de l'Église, semblaient constituer, en même

temps qu'un attentat à la propriété, une vengeance.

La première année, M. Berloquin s'était dit :

— C'est un passe-temps de mauvais drôles.

Et il avait, en déplorant la fâcheuse liberté laissée aux enfants d'alors, ramassé le corps de sa sonnette, fracassé sur les pavés de la cour.

La seconde entreprise contre la sonnette fit réfléchir M. Berloquin et il trouva singulier que, jour pour jour, ce qu'il appelait une déprédation le forçât de coucher sur son cahier de comptes les frais causés par des mains criminelles.

En 1848, qui fut la troisième année où la sonnette, secouée avec une agitation brutale, alla rejoindre ses devancières, une certaine terreur s'empara du bourgeois : un semblable attentat à la propriété rentrait dans la classe de ceux qu'une société atterrée attribuait à la révolution qui venait d'éclater.

Un organe démocratique, l'*Indépendant de Loches*, venait d'être fondé ; M. Berloquin crut prudent de jeter neuf francs, prix d'un trimestre, dans la gueule de ce farouche *Indépendant*, dont les Premier-Loches faisaient frissonner les gens d'ordre.

La sonnette posée en l'an 1849 n'en fut pas plus respectée ; le trimestre que le bourgeois avait donné en appât au Cerbère de la démocratie ne changea rien à la

destinée de la sonnette ; même le pied de biche, qui atte-
nait à son cordon de fer, fut enlevé, sans doute par un
« partageux ».

Dès lors M. Berloquin craignit autant pour sa sûreté
personnelle que pour celle de sa propriété. Des barreaux
de fer, qui faisaient ventre en avant de la baie des fenêtres, protégeaient les appartements
donnant sur la rue. Ne trouvant
pas cette défense suffisante contre les
ennemis de la propriété, le rentier fit
grillager par des mailles serrées toutes
les fenêtres et donna à sa maison le
caractère d'une prison, se disant que
cette image du sort qui leur était réservé arrêterait peut-être les dévasta-
teurs sur la pente criminelle où ils
étaient lancés.

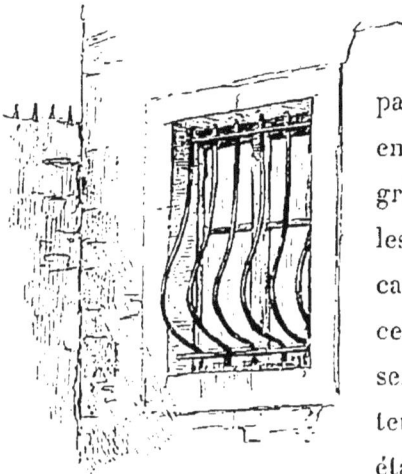

En 1850, lorsque la République montra que ses racines n'avaient pas profondément pénétré dans le sol de la
nation, l'arbre de la liberté secoué par nombre de mains
réactionnaires fut renversé ; il en fut de même de la sonnette de M. Berloquin. Il était écrit que son carillon ne
pouvait s'exercer sous aucun gouvernement, ni sous
Louis-Philippe, ni sous le Président.

Quoique seul parmi ses concitoyens qui fût victime
de semblables tourmentes, M. Berloquin jugea la société
bien mal assise qui permettait de semblables dévastations ;

toutefois il n'osait porter plainte, dans la crainte d'augmenter la fureur d'ennemis tout-puissants.

L'*Indépendant de Loches* accusait un tirage de trois cents exemplaires, résultat considérable pour le pays. Il y avait donc dans la ville ou aux environs trois cents sectaires, complices des opinions d'un organe subversif!

Jusque-là, M. Berloquin et sa servante avaient accompli leurs devoirs religieux et se rendaient à la messe de minuit. Ce qui n'empêchait pas, à peine le bourgeois était-il rentré, qu'un carillon frénétique n'annonçât que les fauteurs de désordre continuaient leur criminelle entreprise. En 1850, M. Berloquin renonça à aller saluer à l'avenir la naissance de l'enfant Jésus et il chercha quelle vengeance éclatante il pourrait tirer de ses ennemis. Toute l'année fut employée à la calculer. Il était temps de mettre un terme aux entreprises des casseurs de sonnettes.

Le quincaillier de la Grande-Rue avait fait une question singulière à M. Berloquin.

— Que pouvez-vous faire d'autant de sonnettes? lui demanda-t-il d'un ton narquois.

M. Berloquin jeta un regard inquisiteur sur l'homme. Serait-ce lui qui, afin de pousser à la vente, profitait de la solennité de Noël pour détruire nuitamment sa propre marchandise? Mais ce soupçon s'effaça devant l'air candide du quincaillier qui, au contraire, semblait prendre les intérêts de son client en s'étonnant d'une telle consommation de sonnettes.

L'année 1850 se passa en perplexités qui pouvaient se
résumer par : vengeance et sonnette, deux mots accolés
à jamais dans l'esprit de M. Berloquin. Peu de nuits où
il ne se réveillât en sursaut, croyant entendre de singuliers tintements : l'homme se rendormait, et dans son
sommeil agité tintait un glas vengeur. Existence trou-
blée qui ne ressemblait en rien à celle que le bourgeois
avait menée jusque-là.

II

M. Berloquin appartenait à la classe de ceux qu'on est convenu d'appeler les honnêtes gens.

Son honnêteté consistait à avoir hérité de ses parents d'un revenu assez considérable pour le dispenser d'exercer aucune profession.

En vertu de cette honnêteté, M. Berloquin était incapable de faire du mal à son prochain; mais il eût été étonné d'apprendre qu'il devait lui faire du bien. Regardant comme fonctions indispensables de la vie d'accomplir ses quatre repas, de marcher, de dormir, M. Berloquin n'avait d'autres occupations que de toucher ses rentes.

Il payait au comptant ce qu'il achetait et avait horreur des dettes; toutefois il n'aimait pas que le prix des denrées augmentât sur le marché; quoiqu'il fût certain de la probité de sa gouvernante, c'était avec des gémissements qu'il épurait ses comptes et reportait sur un mémento la hausse des œufs et du beurre.

Voulant vivre tranquille, sans ambition d'ailleurs, M. Berloquin n'avait jamais rêvé un siège au conseil municipal pour gérer les finances de la cité. Il donnait régulièrement chaque année un écu de trois francs à la municipalité de Loches pour les pauvres de la ville, à condition qu'aucun d'eux ne vînt frapper à sa porte.

M. Berloquin rendait le pain bénit à l'église chaque fois que son tour se présentait.

Sur ces pilotis s'appuyait l'honnêteté de M. Berloquin.

Le rentier de Loches n'avait d'autres parents qu'une sœur dont le mari, après une vie tout entière consacrée à de certaines inventions industrielles, s'était ruiné. Cette sœur qui, chargée d'enfants, avait passé par des moments difficiles, M. Berloquin jugeait prudent de l'écarter de son souvenir. Elle avait eu son lot dans l'héritage paternel; le partage de la succession fait par devant notaire, la sœur de M. Berloquin n'avait rien à voir dans la fortune de son frère. Il vivait à Loches, elle habitait Paris. C'étaient deux étrangers l'un pour l'autre. M. Berloquin ne connaissait pas de liens de famille pour ce qui touchait à la bourse.

L'honnêteté, doublée d'exactitude de M. Berloquin, faisait qu'il n'accordait pas plus de huit jours de répit à ses fermiers en retard pour les payements. Le matin du jour qui suivait cette huitaine, des papiers timbrés et des sommations partaient de l'étude de l'huissier pour s'abattre sur les campagnes environnantes. Ni grêle, ni gelée, ni maladies sur les bestiaux n'arrêtaient M. Berloquin. Il possédait du bien au soleil, le soleil devait, quand même, féconder son bien.

De ce côté, M. Berloquin, qui se vantait de n'avoir jamais fait de tort à quiconque, était inflexible.

Maître de son temps, M. Berloquin vivait à l'écart dans sa maison du cul-de-sac des Trois-Visages. Sa nourriture intellectuelle consistait à recueillir les bruits du jour, les propos du quartier, après quoi il rentrait se livrer à d'intéressantes réflexions sur les mariages, les enterrements, les baptêmes et le cours des grains. Rarement on vit un bourgeois de Loches penser si judicieusement. Il eût même été facile à M. Berloquin de passer pour un homme de bon conseil, mais il se gardait bien de donner un avis quelconque dans les contestations entre voisins.

Certaines gens s'étaient mis en tête de marier M. Berloquin : il était trop sage pour s'engager comme rameur dans la galère conjugale.

Le célibataire pensait qu'un homme a déjà sa lourde charge de s'occuper de lui seul, sans accepter celle d'un être léger, inconstant, dont la dot, quelque importante qu'elle soit, ne saurait faire oublier les tracas de toute nature qu'engendre le mariage.

Long, sec, laid, tel était M. Berloquin à l'extérieur. La peau parcheminée de sa figure était encore plus douce que l'enveloppe de son cœur. Rien d'attirant dans sa rencontre ; aussi les gens de Loches disaient-ils du célibataire : « froid comme un glaçon » ; mais comme il était à la tête d'une fortune

solidement assise, de celles qui, ayant pour base la terre,
subissent de médiocres variations, les Tourangeaux té-
moignaient quelque considération à M. Berloquin.

M. Berloquin ne parlait jamais de ses affaires. Sur ce
point, de même que sur beaucoup d'autres, il ne s'ouvrait
à personne et semblait impénétrable : même avec son
notaire attitré, il dissimulait le chiffre de son avoir et parlait sans cesse des atteintes que subit la propriété et de la
difficulté de lui faire rendre, bon an, mal an, deux pour
cent; mais ce bourgeois qui, par prudence, s'était refusé
de prendre femme, avait à son service une servante qui
en valait deux.

La Véronique s'était emparée de Berloquin et le con-
duisait avec des lisières comme un enfant. Si on excepte
les relations du monde, les soirées au dehors, les toilettes qu'exige la meilleure
des femmes en possession d'un mari, Véronique était l'être le plus tyrannique qui
se pût voir. M. Berloquin, qui ne goûtait
pas une joie de la famille, en subissait
toutes les exigences; quoique échappant
au joug du mariage, il en supportait un lourd, pénible et
inavouable dont il rougissait intérieurement. Depuis
trente ans le célibataire subissait Véronique, sans vouloir
s'avouer la lourdeur de la chaîne que lui faisait porter celle
qu'il pouvait appeler à double titre sa femme de charge.

L'impénétrable bourgeois, toute la ville le possédait

à fond, Véronique dévoilant par son bavardage le mu-
tisme de son maître ; vaniteuse, elle avait à cœur de faire
savoir qu'elle tenait en bride M. Berloquin, si avide d'in-
dépendance. Les boutiquiers de la maison, les paysannes
du marché, connaissaient à un centime près les revenus

du bourgeois, l'emploi de ses journées. Les murs de
la maison de M. Berloquin étaient épais, mais transpa-
rents comme du verre pour les gens de Loches. Ce n'était
pas certainement une gazette bien intéressante que celle
rapportée par Véronique ; mais en province, qui n'est
curieux des faits et gestes de ses voisins ? De tels détails
prennent surtout une certaine importance quand l'homme
croit son secret bien gardé ; surtout, ce qui intéressa

davantage le public, fut la divulgation des inquiétudes
de M. Berloquin à propos de ses sonnettes.

Les célibataires appartiennent à la classe de ceux qui,
ne s'intéressant à personne, modèlent l'humanité à leur
image. Persuadé que peu de gens prenaient part à ses
soucis, M. Berloquin renfermait ses sensations en lui-
même et traversait les rues de Loches sans se douter que
tous ses concitoyens, à sa vue, épiaient les traces de l'infernal carillon qui agitait son cerveau. On sut dans la
ville les précautions de M. Berloquin pour l'avenir ; les
mesures qu'il prenait pour la conservation de ses sonnettes. A la troisième année pendant laquelle se produisit l'*attentat,* suivant la qualification de M. Berloquin,
Véronique attendait de minuit à deux heures du matin, à

la fenêtre du premier étage, un seau d'eau à côté d'elle,
pour le jeter à la tête des perturbateurs ; mais le sommeil
la surprit pendant sa garde, et cinq minutes d'assoupis-
sement ne s'étaient pas passées qu'un effroyable carillon
annonçait la victoire du coupable.

Le souvenir des catastrophes, quelque considérables
qu'elles soient, va d'habitude en s'affaiblissant. Cepen-

dant Véronique veillait à ce que le quatrième anniver-
saire du bris de la sonnette de son maître ne se renou-

velât pas. Craignant de s'endormir, elle alla se poster
dans l'ombre, à un coin du cul-de-sac des Trois-Visages.

La gouvernante était armée d'un manche à balai,
M. Berloquin d'une canne : il y avait suffisamment de

quoi frotter les épaules de l'audacieux qui attenterait à la propriété du célibataire. Véronique n'entendit aucun pas, n'aperçut personne : la sonnette n'en resta pas moins sur le carreau, mais les épaules du coupable demeurèrent intactes.

Attirés par le bruit que faisait cette agression cacodémoniaque, le maître et la servante osaient à peine se regarder. Véritablement une telle aventure tenait du prodige. Il y avait là quelque chose qui confondait l'imagination. Pas une ombre n'avait été vue. Pas un souffle n'avait été entendu ! La tête courbée, M. Berloquin et Véronique songeaient. Si des souvenirs d'êtres malfaisants et invisibles emplissaient l'esprit de la gouvernante, M. Berloquin, qui croyait difficilement à ces chimères, se demandait comment la fête de Noël, célébrée si pompeusement par l'Église, pouvait déchaîner celui que Véronique traitait de suppôt du diable.

Combien était différente pour le bourgeois cette nuit qui provoquait chez ses voisins de joyeux chants ! A vingt pas du cul-de-sac des Trois-Visages demeurait un pauvre raccommodeur de souliers qui avait toutes les peines du monde à faire vivre sa famille. Le jour de Noël, l'homme réunissait les voisins de sa condition et leur fai-

sait fête. Un dépensier, suivant M. Berloquin. Toutefois,
le lendemain, dès cinq heures du matin, le cordonnier se
remettait à l'ouvrage, battait le cuir avec ardeur et c'était
à qui, de lui ou de son merle, sifflerait le plus gaiement.

A l'exception de la sonnette qui était devenue une
rente régulière à payer, M. Berloquin ne dépensait rien
pour la Noël, et pourtant il ne s'en levait pas moins sou-
cieux, cherchant quel moyen protégerait sa sonnette
l'année suivante. M. Berloquin en était arrivé à rêver
d'ajuster un pistolet à l'innocent pied de biche dont l'on-
gle ferait partir la gâchette au moindre mouvement ; mais cette arme arrêterait-elle les méfaits
d'une puissance impalpable ?

Un mois après cette nouvelle aventure, la
sœur de M. Berloquin vint lui rendre visite,
accompagnée de ses trois enfants. Quelles char-
ges pour la maison que quatre bouches impré-
vues ! Véronique le fit sentir immédiatement à
son maître : prétextes à grosses dépenses, trou-
bles dans un intérieur tranquille, allées et venues d'enfants
tapageurs. Ces raisons n'avaient pas de peine à entrer
dans l'oreille d'un homme qui tient serrés les cordons de
sa bourse.

La sœur de M. Berloquin était pourtant intéressante.
Elle vivait dans un état voisin de la gêne et portait sur
sa physionomie le deuil de son mari ; mais quand elle
regardait ses enfants, c'était avec une tendresse qui mon-

trait qu'elle n'avait pas perdu courage. Acceptant brave-
ment son sort, elle se rendait dans une ville du Midi où
un fabricant, ami de son mari, l'appelait
pour l'attacher à son industrie.

Les enfants, qui ne savent pas ce que
sont avarice et sécheresse, couraient
après M. Berloquin et auraient dû ré-
chauffer ce cœur glacé, qui jamais n'avait
savouré les douceurs de la famille.

L'un des fils, âgé de treize ans,
grand, jeune, résolu, faisait part
de ses projets d'avenir à son
oncle, et M. Berloquin ne pou-
vait s'empêcher d'être touché de la parfaite éducation de
ces enfants qui semblaient avoir compris la portée de la
mort de leur père.

Un matin, Véronique entra dans la chambre de son
maître en criant d'une voix
désespérée :

— Monsieur, les lapins
sont dans le potager !

M. Berloquin tressauta sur
son fauteuil.

— Les lapins dans les
choux ! reprit Véronique.

M. Berloquin entendait manger ses choux, mais non
pas y convier les lapins. Après une heure consacrée à la

chasse de ces animaux, le célibataire apprenait de Véronique que ses neveux avaient ouvert la porte de la cabine
des lapins; c'en fut assez pour que la faible part d'intérêt
que M. Berloquin témoignait aux enfants de sa sœur
tombât tout à coup. D'autres méfaits d'ailleurs leur
étaient reprochés : les enfants s'empiffraient à table d'une
façon indécente en ne laissant pas intacte une assiette
de dessert. La gouvernante et son maître ne mangeaient
toute l'année que du fromage : pour l'arrivée de la veuve,
on avait paré la table de mendiants, d'une demi-douzaine
de biscuits, d'un peu de confitures, de pruneaux, et l'idée
de Véronique était que « ces bonnes choses » ne servi-
raient qu'à la parade. En quatre jours les six biscuits
disparurent; il ne restait pas une lichette de confitures,
les mendiants avaient été grignotés comme par une armée
de rats, et les pruneaux, ces enfants pro-
digues les avaient fourrés dans leurs
poches pour servir de passe-temps
après les repas.

— Ils veulent faire de la maison une ruine, s'écria Véronique.

Encore si la veuve eût mis
un terme à ces déprédations !
Mais on voyait à son indifférence
qu'il s'agissait du bien des autres.
Dès lors M. Berloquin battit froid à sa sœur; les repas
furent réduits à la plus simple expression; les enfants ne

pouvaient plus ni courir, ni remplir la maison de leur
joyeux babil. Aux regards de Véronique, la veuve comprit qu'il était temps de prendre congé de son frère, et
ce fut avec une joie non dissimulée que le célibataire
reçut les adieux de cette famille importune. Mais la plus
grande somme de jouissance au départ fut réservée à la
gouvernante. Ces vieilles servantes ont toujours peur que
des sentiments humains étouffés ne prennent le dessus,
que la voix du sang ne parle même à ceux qui sont sourds.
Tout parent qui arrive dans une maison qu'elles gouvernent
est vu par elles d'un mauvais œil et traité en étranger.
L'être le plus dur peut sentir son cœur se dérider aux
caresses des enfants. Ces parents sont de nouveaux maîtres à servir. Véronique regardait la sœur de
M. Berloquin comme une ennemie.

Plus d'une fois l'idée de gouverner la maison
à titre officiel s'était présentée à l'esprit de la
servante : elle songeait à devenir la maîtresse au logis. D'abord vague comme le
nuage qu'un coup de vent dissipe, l'idée
avait résisté aux objections que Véronique
s'était faites. Tout en M. Berloquin prêtait
à de telles aspirations. Il n'avait pas d'amis en ville, n'in-
vitait personne à sa table et n'acceptait aucune invitation au dehors. Toute sa vie, il l'avait passée en bonne
intelligence près de Véronique, grommelant parfois, mais
revenant à une humeur presque égale au bout de quelques

heures. Pourquoi un nœud officiel ne consacrerait-il pas
celte existence si paisible?

Que de rêves à travers lesquels Véronique, devenue
madame Berloquin, porterait la tête haute dans les rues

de Loches, et traiterait, grâce à sa fortune, avec les plus
grandes dames de la ville!

Il y avait de la terre en outre, beaucoup de terre,
l'appât des paysans! M. Berloquin touchait à la soixan-
taine. Régulièrement Véronique, qui n'avait que quarante ans, devait survivre d'une vingtaine d'années au
vieillard. Veuve, riche, elle quittait Loches et se retirait
avec de grosses rentes dans son village.

Peu de maisons de célibataires où de tels rêves n'em-
plissent les cuisines. Les maîtres sont obéis au doigt, en-
couragés dans leurs manies; à l'heure dite, ils trouvent
le dîner cuit à point; leurs pantoufles sont invariablement
à la place consacrée; ces attentions ne sont pas obtenues
sans arrière-pensée.

— *Si vous saviez comme je le soigne!* était la réponse

invariable que faisait Véronique au notaire Quinard, qui
s'informait de la santé de M. Berloquin.

La gouvernante avait fondé quelque espoir sur le notaire chargé des
intérêts du célibataire. Quelle aide ne
pouvait-il pas prêter au moment venu !
Aussi, les fruits et les fleurs du potager
de M. Berloquin pleuvaient chez
Mᶜ Quinard, fort étonné de semblables libéralités. Toutefois, les
compliments réitérés de Véro-
nique, ses soins à fournir de primeurs la table du notaire,
ne pouvaient tromper longtemps un homme habitué à
dévider l'écheveau des intérêts.

— Elle veut me mettre dans son jeu, se dit Mᶜ Quinard, quand il lui fut démontré que M. Berloquin tolérait
ces petits cadeaux plutôt qu'il ne les encourageait.

Curieux et observateur, le notaire s'intéressa à ce petit
drame et attendit patiemment le dénouement ; mais un
fait dérouta absolument le praticien qui de son cabinet
avait fait un laboratoire, de ses dossiers des bureaux
au fond desquels il étiquetait toutes les infirmités, toutes
les bassesses, toutes les monstruosités des consciences
bourgeoises.

L'hiver qui suivit le départ de la sœur de M. Berloquin semblait devoir ancrer plus profondément la gouvernante au logis ; cependant, un matin, elle se présen-

tait en larmes dans le cabinet de Mᵉ Quinard pour lui
faire ses adieux.

— Je pars, dit-elle, en fondant en sanglots.

— Comment! Véronique, vous quittez votre maître?
Que s'est-il donc passé?

Alors la gouvernante raconta au notaire que le ter-

rible drame de la sonnette se perpétuait et que M. Berloquin ne voulait appeler aucun secours du dehors pour
sa sûreté personnelle. Aux abois, se creusant l'esprit pour
chercher des moyens de défense et n'y réussissant pas,
Véronique en était arrivée à avoir « les sangs tournés ».

La veille au soir, elle et M. Berloquin avaient éche-
lonné dans le cul-de-sac des Trois-Visages une certaine
quantité de pièges à loups pour y prendre les malfaiteurs,
car ils devaient être plusieurs pour réussir dans leurs com-

binaisons. Les pièges étaient restés intacts, sans qu'il en
fût de même de la sonnette. Encore une fois, elle avait été
secouée et arrachée violem-
ment comme les précéden-
tes. M. Berloquin en était
devenu plus blanc qu'un
linge. Cette vie d'angoisses
ne pouvait durer. Véronique
avait proposé à son maître
de prévenir le commissaire
de police, le brigadier de
gendarmerie. M. Berloquin,
pelotonné dans sa terreur,
n'en voulait pas plus sortir
que les bestiaux surpris par
l'incendie dans leurs étables.
—Il est certain, ajoutait
Véronique, que des gen-
darmes faisant la chaîne
autour de la maison fe-
raient cesser ces tenta-
tives diaboliques de la nuit de Noël.

La gouvernante, ne pouvant parvenir à attraper les
coupables qu'elle guettait depuis sept ans, renonçait à
servir de guide à M. Berloquin. Elle avait peur, réellement peur de cet avenir menaçant. Elle réclamait de l'aide
du dehors et on la lui refusait. Si elle était maîtresse de

la maison, de pareilles scènes ne se renouvelleraient pas.

Le notaire jugea que Véronique raisonnait sagement. Il fallait décider, coûte que coûte, M. Berloquin à se mettre sous la protection de l'autorité ; mais les avis de Mᵉ Quinard furent en pure perte. Le célibataire ne voulait pas que le secret de sa vie fût livré au public : appeler le commissaire de police, faire venir un piquet de gendarmerie, n'était-ce pas devenir la fable du pays, donner pâture à la malignité des badauds, peut-être se faire railler par le démagogique *Indépendant de Loches,* qui devait difficilement pardonner à M. Berloquin d'avoir cessé son abonnement ?

Véronique resta vaincue par les supplications de son maître ; mais la question de cabinet n'en fut pas moins posée par la gouvernante. Qui avait soin de la santé chancelante de M. Berloquin depuis vingt-trois ans ? Qui serait capable de « border le lit de monsieur », avec tant d'attention ?

Le célibataire répondit par un *nous verrons* qui fit bondir d'allégresse le cœur de Véronique. Ses aspirations n'étaient pas repoussées absolument ; toutefois la gouvernante ne se doutait guère des pensées contradictoires qui troublaient l'esprit de son maître.

A Tours, vivait un homme riche que toute la ville appelait « Monsieur de la Cuisine », pour le railler d'avoir épousé sa femme de charge. Dans une autre ville, un certain Cussonnière avait été surnommé Cussonnière-Tor-

7

chon pour le même motif. M. Berloquin craignait l'opi-
nion publique et les gausseries d'une province fertile en
sobriquets. Le célibataire avait été ondoyé sur les fonts
baptismaux avec le nom de ses aïeux, il conservera pure la
mémoire des Berloquin. Cette seule considération le rete-
nait : il savait bien qu'il lui serait impossible de se passer
de Véronique. Une seconde Véronique ne pouvait se rencontrer. Quand la gouvernante se vantait de dorloter son
maître comme pas une, elle disait vrai.

Gagner du temps, tel fut le plan du célibataire qui se
fiait sur l'avenir pour arranger cette difficile affaire. Cette
année-là s'écoula calme pour M. Berloquin et sa gouvernante. Afin d'éviter le retour des scènes désastreuses qui
se produisaient à la Noël, Véronique et son maître combi-
nèrent de nouveaux moyens de défense. Des poutres furent
placées en travers du cul-de-sac des Trois-Visages. Comme
personne n'y passait, il fut facile d'y disposer tout un
attirail de planches, de fagots, de tessons de bouteilles qui
valaient mieux qu'un piquet de gendarmes.

Un vieux mousquet au bras, M. Berloquin montait la
garde derrière la barricade qui eût fait honneur aux fabri-
cants habituels de ces sortes de produits des grandes
villes.

A la fenêtre du grenier, sur un pont volant servant à
monter les foins, Véronique guettait l'arrivée de l'ennemi.

— Hem! fit en bas M. Berloquin pour s'assurer que
la servante était à son poste.

— Hem ! hem ! répondit Véronique du second étage.

Il avait été convenu qu'à chaque heure ce signal serait répété pour que les défenseurs s'assurassent récipro-
quement qu'ils veillaient et que rien de nouveau ne se
produisait au dehors.

Vers les deux heures du matin une neige fine et froide
commença à tomber qui rendait la faction de M. Berloquin fort pénible.

— Bientôt, pensa-t-il, j'en serai quitte.

En atteignant quatre heures du matin, il était à peu
près certain que le petit jour éloignerait les malfaiteurs
habituels; et quoiqu'il souffrît du froid, le célibataire ne
pouvait s'empêcher de reconnaître que Véronique avait
usé d'un bon moyen de défense.

Quatre heures sonnèrent.

— Hem ! fit Berloquin, qui voulut encore rester quelques instants à son poste.

— Hem ! hem ! répéta Véronique.

— Sauvé ! ne put s'empêcher de crier le bourgeois
oubliant les fatigues de la nuit, le froid et la neige.

Mais presque au même moment la terrible sonnette
se fit entendre avec un son de cuivre éraillé.

— Ah ! s'écria M. Berloquin en laissant tomber son
mousquet et en se précipitant dans la maison où bientôt
il retrouva Véronique qui descendait de son observa-
toire.

Une lanterne à la main, tous deux contemplaient la

victime étendue sur le carreau sans voix pour accuser le
coupable. Cette fois M. Berloquin était devenu sombre;
les années précédentes, il se laissait aller à l'indignation;
mais il semblait touché au cœur et sa douleur était
muette.

— J'avais bien dit qu'il fallait des gardiens, s'écria
Véronique.

Le célibataire ne répondait pas tant il était accablé;
ni le mousquet dont était armé M. Berloquin, ni les bar-
ricades de l'invention de Véronique, ni la garde montée,
ni le poste d'observation au grenier n'avaient protégé la
sonnette! Fallait-il revenir à l'ordre des phénomènes et
des miracles? Pourquoi la Providence se fût-elle acharnée
à châtier M. Berloquin, qui ne se reconnaissait coupable
d'aucun crime.

Cependant Véronique s'empressa d'allumer un grand
feu à la cuisine, car son maître grelottait. Il n'avait pas,
à soixante ans, monté cette longue garde sous le coup de
la bise et de la neige, sans y avoir laissé de sa chaleur
naturelle. De grosses brassées de broussailles flambaient
joyeusement dans l'âtre de la haute cheminée, sans s'inquiéter du trouble des gens qu'elles chauffaient.

Véronique, voyant son maître plongé dans un abatte-
ment profond qu'elle attribuait à la rigueur de cette garde
en plein air, décrocha une grande bassinoire dont le cou-
vercle représentait le profil de Louis XIV; ayant approché le roi-soleil du foyer, elle le garnit intérieurement

d'une couche de cendres brûlantes, de braises, d'une
pincée de sucre, ajouta encore une couche de cendres et
introduisit prudemment la bassinoire dans le
lit de son maître. Même l'adjonction d'un
doux « aigledon » ne ramenait pas la bonne
humeur de M. Berloquin, qui se laissa « border » sans y répondre par son remerciement
habituel.

Malgré ces attentions, il résulta de cette
fâcheuse nuit pour le malheureux célibataire
une série de rhumatismes qui déterminèrent
une avalanche de soins de Véronique. La
gouvernante pouvait le dire au notaire sans
se vanter : elle était réellement attachée à
son maître. Cela se voyait aux douces flanelles
qu'elle cousait, aux tampons d'ouate, aux émollients de
toute espèce qu'elle trouvait dans
son imagination.

Comme elle s'ingéniait à pour-
suivre ces terribles fraîcheurs pour
les déloger du corps de M. Berloquin ! Comme elle disposait
savamment les oreillers dans le
fauteuil où le célibataire était con-
damné à rester ! Non ! il n'y avait
pas deux femmes si dévouées au monde. Aussi plusieurs
fois le *nous verrons* de M. Berloquin s'échappa-t-il de

ses lèvres avec un ton plus affirmatif que d'habitude.

L'été arriva, qui adoucit les rhumatismes de M. Berloquin et lui permit de respirer l'air des champs en allant
rendre visite à ses fermiers. En voyant son maître si gail-
lard, Véronique regretta presque d'avoir mis en fuite les
fraîcheurs. A mesure que les forces du célibataire renais-
saient, ses promesses s'évanouissaient. C'était décidément
un être sans foi, qui à de nombreux défauts joignait l'in-
gratitude la plus absolue.

Tous les jours, la gouvernante guettait le moment de
remettre son rêve sur le tapis ; mais M. Berloquin avait
l'art d'échapper à cet entretien quand il le sentait
poindre.

— Attendons ! se dit Véronique, qui, comme toutes
les paysannes, était tenace, ne fatiguait pas son cerveau
par le poids des idées et en caressait une seule, dont l'iso-
lement favorisait la force et le développement.

Cette pensée matrimoniale, qui avait d'abord été un
chétif feu follet disparaissant au moindre souffle, était
devenue une chandelle de la grosseur d'un cierge, une
énorme chandelle que Véronique avait fait bénir par tous
les saints de la Touraine sans s'éteindre jamais et qui pro-
jetait une clarté considérable dans la cuisine ; aucun lumi-
gnon ne pouvait affaiblir la lueur de ce flambeau de l'hy-
ménée, dont la gouvernante prenait autant de soin que
les Vestales entretenant le feu sacré sur les autels des
dieux. Aussi tous les objets les plus vulgaires de l'office

prenaient-ils un air de fête, depuis la crémaillère suspendue dans l'âtre jusqu'aux casseroles. La batterie de cuisine recevait des points lumineux particuliers qui ne pro-
venaient point seulement des jeux habituels de l'ombre
et de la lumière ; il y avait dans l'arrangement des plats
des apparences de noces, et le cuivre et le fer des usten-
siles de ménage chantaient des duos d'allégresse. Au
milieu de cet intérieur, où elle était souveraine, Véronique avait éloigné les taches de graisse comme les ou-
trages des mouches, et on sentait quelle propreté exquise
communiquait à la maison une gouvernante ayant qualité pour commander.

Assez solidement bâtie pour ne porter ni jupons ni
corset, Véronique rappelait ces robustes femelles dont les
peintres flamands se sont plu à rendre les fermes appas :
mais le maigre M. Berloquin ne paraissait pas se connaître en ces objets d'art ni en subir la puissante influence.
Il se contentait de rester célibataire endurci, sans cesse
préoccupé d'éluder des ombres de promesse.

Ses indispositions lui avaient même enlevé de la
mémoire les singuliers événements de Noël et il les eût
oubliés tout à fait si Véronique ne lui avait, un matin,
présenté la note du quincaillier. M: Berloquin y jeta un
regard mélancolique. Le marchand réclamait 6 fr. 50 pour
la livraison des deux dernières sonnettes.

En voyant avec quelle peine son maître tirait de la
monnaie de son gousset :

— Si monsieur se passait de sonnette dorénavant? dit
Véronique.

M. Berloquin répondit par un *heu* qui signifiait qu'il
y réfléchirait. Et il s'enfonça la tête dans les mains, trouvant que la proposition de sa gouvernante avait du bon.
Il était certain que les divers moyens de défense employés
jusque-là n'avaient servi à rien et que le perturbateur
nocturne n'en continuait pas moins ses agressions. Supprimer le corps du délit, c'était supprimer tout délit futur.
Cependant, qui ouvrirait la porte aux fournisseurs? Comment serait-il prévenu de l'arrivée de quelqu'un? Une
maison sans sonnette ressemble à celle d'un mort. Dans
sa sagesse, M. Berloquin décida qu'il valait mieux laisser
l'ennemi qui troublait son repos. Et en ceci il fit preuve
de résolution.

L'automne arriva bien vite avec ses nuages chargés
d'humidité, et divers symptômes annoncèrent à M. Berloquin qu'il fallait décidément compter chaque hiver avec
les rhumatismes. Véronique fut heureuse de n'avoir pas

brusqué les choses. Comme un
chat patient elle avait attendu
que la souris sortît de son trou;
une fois par an elle était à peu
près certaine maintenant de tenir
son maître, qui, étendu dans
son fauteuil, ne pouvait lui échapper.

La main de la gouvernante devint plus onctueuse que

jamais en matière de massage, ses cataplasmes plus
émollients. Véronique trouva des farines de graine de lin
douces comme de la rosée, et le malade ressentit l'action
de soins pénétrants qui entrent pour une grande part
dans le succès des remèdes.

Quand Véronique dépeignit à mots couverts l'heureux
avenir que se préparait un homme « d'un certain âge » en
entrant dans le port du mariage, M. Berloquin essaya
d'en revenir à son vieux jeu de temporisateur ; mais en
pareille circonstance ses atouts étaient faibles. Il n'était
plus question de se sauver de la partie en abandonnant les
cartes sur table ; il fallait payer comptant et M. Berloquin
comprit que même sa servante ne reculerait point devant
un mariage *in extremis*.

Pour la deuxième fois l'homme était cloué dans son
lit par une affection qui, en s'en allant, disait : au revoir ;
il en pouvait être ainsi longtemps. Qu'arriverait-il si Véronique, mécontente d'échouer dans ses projets, quittait la
maison ? Eh bien non, elle ne la quittera pas, pensait
M. Berloquin ; la force de l'habitude, une existence tranquille, de bons gages la retiendront. Ce fut un éclair que
cette dernière idée : augmenter les émoluments de celle
qui, depuis vingt ans de service, touchait cent quatre-
vingts francs par an.

Lancé à toute vapeur sur les rails de la générosité, le
bourgeois arrondirait cette somme et, de son propre chef,
la porterait à deux cents francs. Deux cents livres par an

8

pour la « location » d'une servante représentait une somme considérable à Loches.

Un soir que Véronique s'apprêtait à remplir ses fonctions de garde-malade, et que sur ses lèvres se révélait le retour d'une des demandes qu'elle faisait fréquemment :

— Tu es une bonne fille, dit M. Berloquin, tu me soignes bien et je veux le reconnaître. A partir de la Saint-Jean prochaine, tu seras augmentée.

— Ce ne sont pas des gages que je réclame, répondit la gouvernante d'un air qui fit réfléchir le malade.

— Oui, je sais, nous verrons...

— Il n'y a pas de *nous verrons,* s'écria Véronique, froide et impérieuse.

Un instant de silence succéda à cette réponse, aussi terrible que la vue d'une batterie démasquée.

— Eh bien, demain...

— Non, plus de demain !

— Tu ne me laisses pas achever, ma bonne... Demain tu iras chez Mᵉ Quinard, et tu le prieras de passer à la maison... J'ai à lui parler.

Véronique se tut sur ce mot. Le notaire, corrompu depuis longtemps par les attentions que la gouvernante avait pour lui, n'apporterait certainement aucun obstacle à ce projet. Que lui importait que M. Berloquin épousât sa gouvernante? Peut-être même prendrait-il en main les intérêts de Véronique et la ferait-il avantager dans le contrat.

Le lendemain, dès la pointe du jour, la gouvernante allait prévenir Mᵉ Quinard de passer chez M. Berloquin pour affaires urgentes.

Quand le notaire arriva, il fut reçu par Véronique avec un de ces sourires fondants que connaissent les officiers ministériels appelés en pareille occasion. La gouvernante introduisit Mᵉ Quinard dans la chambre de son maître et chercha ce qu'elle pourrait bien ranger et épousseter, croyant par ce moyen assister à l'entretien.

— Laisse-nous, Véronique, dit le malade ; et si par hasard quelqu'un me demandait, qu'il attende que j'en aie terminé avec mon notaire.

Véronique sortit avec l'émoi d'une souris cherchant un trou pour s'y fourrer. Comment faire pour entendre cet entretien d'où dépendait son avenir ? Mais, comme il était important de ne pas compromettre par une indiscrétion le succès d'une conférence dont le résultat était certain, elle rentra dans la cuisine et, pour la première fois de sa vie, s'assit sans songer à travailler.

L'entretien lui eût paru long, si ses pensées n'avaient été actives. Cependant la porte de l'antichambre s'ouvrit et Mᵉ Quinard apparut avec un air encore plus gracieux que de coutume.

— Mon enfant, dit-il, voulez-vous demain prendre la peine de passer à mon cabinet ?

Véronique crut se trouver mal de joie. Pour la première fois le notaire l'avait appelée : *Mon enfant.*

Elle revint à la chambre de son maître d'un pas léger, comme portée par des ailes d'oiseau. Elle avait quinze ans et eût dansé sur des œufs sans les écraser. Comme M. Berloquin se tut sur l'entretien avec son notaire, la gouvernante eut la discrétion de n'y pas revenir : cette affaire comportait un solennel qui ne devait être traité que par-devant notaire.

Le lendemain, ayant fait une toilette de « dame », Véronique se rendit chez Mᵉ Quinard ; et à peine eut-elle posé le pied sur le seuil de l'étude, qu'elle comprit que ses vœux étaient enfin réalisés : le notaire fit rouler à son approche un large fauteuil de cuir dans lequel la servante hésita un moment à s'asseoir, elle qui ne connaissait que la chaise de bois de sa cuisine.

— Mon enfant, dit Mᵉ Quinard d'un ton grave, je suis chargé de vous faire connaître les intentions de M. Berloquin à votre égard. Se sentant malade et ayant des appréhensions pour sa santé, il trouve que le moment est venu de reconnaître les soins dont vous l'avez constamment entouré... Entre parenthèse, je vous dirai que M. Berloquin, qui n'est pas accoutumé à la maladie, voit l'état de sa santé plus noir qu'il n'est réellement ; les souffrances rhumatismales n'empêchent pas les fonctions du corps; au contraire, un certain nombre de mes clients, dans la même situation, ont vu, grâce à un régime normal et à toute absence d'émotion, leur état de santé s'améliorer. C'est vous donner à comprendre que, dans la situation nouvelle que vous crée M. Berloquin, il est de votre intérêt de continuer vos bons soins.

Véronique murmura le même *oui* qu'elle s'apprêtait à prononcer au pied des autels.

— Après de mûres réflexions, continua le notaire, M. Berloquin s'est entendu avec moi pour vous constituer après sa mort une rente de douze cents francs, indemne de tous droits... Cela est minuté dans le projet de testament que nous avons esquissé ensemble hier, et je suis heureux d'être chargé de vous faire part, le premier, de cette bonne nouvelle.

La tête de Véronique était retombée sur sa poitrine.

— C'est tout? demanda-t-elle, la figure cramoisie, quand elle eut la force de la relever.

— Je n'ai pas reçu d'autres instructions, dit Mᵉ Quinard... Trouveriez-vous cette rente insuffisante?

Véronique, dans sa confusion, ne répondit pas.

— Parlez, dites... Ce testament n'est qu'un projet; je ferai part de vos observations à M. Berloquin.

— C'est inutile, je suis satisfaite, dit Véronique en prenant congé du notaire.

Elle étouffait, avait besoin d'air, et sanglotait en

dedans. Maintenant le caractère de M. Berloquin lui apparaissait dans tout son égoïsme. N'osant opposer un refus
direct à Véronique, il avait chargé un tiers de parler
pour lui. A la fois faible et résolu, cet homme avait une
âme de fer dont aucun marteau n'eût pu faire jaillir d'étin-
celles.

Ce jour là, avant de revenir à la maison qu'elle maudissait, Véronique fit de longs tours sur le Mail, une pro-
menade où personne de la ville ne se promène. Elle ne
se sentait pas assez de sang-froid pour rentrer. Tous ses
nerfs se crispaient. Son fond de paysanne sauvage se
révélait, et dans son indignation elle eût été capable de
dire à son maître : « Vieux chien, crève donc avec tes

rhumatismes ! » Ce qui, naturellement, eût scandalisé
M. Berloquin.

Il fallait laisser éclater cette révolte dans la solitude,
donner aux nerfs le temps de se calmer. Après une vingtaine de tours dans ce Mail solitaire, la gouvernante put
rentrer dans le cul-de-sac des Trois-Visages, avec une
apparence de calme. Malgré les sentiments broyés par
l'énorme pierre que leur avait lancée M° Quinard, Véronique affecta une sorte de placidité : elle ne témoigna
pas à son maître que son cœur fût ulcéré et continua à
soigner si parfaitement M. Berloquin que, parfois, le célibataire regardait sa servante avec inquiétude, étonné de
ce qu'elle ne lui témoignât nulle rancune de sa déci-
sion. Cependant le bourgeois, qui jugeait des autres par
lui-même, se disait que Véronique avait sacrifié ses pré-
tentions à une rente bien consolidée ; chez les paysans
l'amour de l'argent ne l'emporte-t-il pas sur l'idée du
mariage ?

Ces diverses péripéties eurent pour résultat de faire
oublier la fête de Noël qui approchait. Encore une fois,
M. Berloquin était cloué dans son fauteuil, pris par les
genoux qui refusaient absolument leur service.

— Je veillerai pour monsieur, dit Véronique qui, pendant trois jours, prépara de nombreux engins de défense
et montra une résolution qui semblait redoubler contre
les agresseurs anonymes.

A minuit, la gouvernante, jusque-là établie près du lit

de son maître, sortit pour veiller à la sûreté de la maison. A
cette heure, M. Berloquin sommeillait ; mais des tressaille-
ments névralgiques l'agitaient
parfois et le faisaient retomber
dans son lit comme s'il eût
été précipité d'un cinquième
étage. Cela le réveilla désa-
gréablement, quoiqu'il fût aise
d'échapper aux mauvais rêves
qui troublaient son sommeil.

Une veilleuse sur la table
de nuit jetait de pâles reflets dans l'appartement. Au
dehors, le vent faisait entendre des sifflements de colère,
qui répondaient à l'état d'esprit de M. Berloquin.
Accoudé sur son lit, il écou-
tait et réfléchissait. Tout à
coup une lueur se produisit
dans le cerveau du malade,
et ses yeux brillèrent d'une
singulière flamme.

Écartant les draps, sans
redouter les rigueurs du
froid, car il était emmail-
loté de flanelle, M. Ber-
loquin passa les manches de sa robe de chambre. Avec un
effort suprême, il descendit du lit ; mais ses jambes refu-
sant de le porter, le célibataire se traîna sur le parquet

et rampa ainsi jusqu'à la porte de l'appartement. De temps à autre, il s'arrêtait, l'oreille aux aguets. Par une volonté qui perlait sous forme de gouttes de sueur, M. Berloquin, se soulevant sur les poignets, atteignit le loquet de la porte et le souleva.

Qui eût vu le célibataire ramper par le corridor, eût pensé à un serpent se glissant dans un maquis. C'étaient des allongements de membres, des pelotonnements contre les murailles, des arrêts anxieux, des tensions de nerfs désespérées, dont l'ombre seule avait connaissance. Au milieu de ce silence nocturne, M. Berloquin percevait des bruits qui eussent échappé aux oreilles les plus fines.

Au moment où il touchait la porte d'entrée du corridor donnant dans la cour, M. Berloquin faillit se trouver mal.

Comme un marin échappé à la perte d'un navire, qui pendant une lieue lutte contre les flots et coule à

fond à bout d'efforts, le célibataire sentait le cœur lui manquer. Des chaleurs morbides, parties de l'intérieur, faisaient osciller sa tête et rendaient haletante sa respiration.

Tout à coup, l'infernal tapage de la sonnette se fit entendre.

Ouvrant la porte dans un accès de rage :

— Malheureuse! s'écria M. Berloquin face à face avec
Véronique qui, frénétiquement suspendue au cordon,
détruisait pour la douzième fois la sonnette de son
maître.

MONSIEUR TRINGLE

MONSIEUR TRINGLE

I

AMAIS homme ne fut plus heureux que M. Tringle le jour où il reçut une invitation pour le bal travesti donné par la famille Brou.

Tout d'abord M. Tringle résolut de s'habiller en diable.

Singulière idée pour un célibataire qui avait l'aspect habituel d'un parapluie dans son fourreau.

Il est vrai qu'un mois avant l'annonce de ce bal M. Tringle avait aperçu, pendant à la croisée du perru-

quier Chabre, un étrange costume de diable noir et rouge,
avec une perruque ébouriffée et une longue queue frétillante qui devait produire (du moins il parut ainsi à
M. Tringle) un effet surprenant dans un quadrille.

Non pas que M. Tringle fût un beau
danseur. Jusque-là sa place dans les soirées
était plutôt marquée à une table où les
principaux fonctionnaires de la ville des
Ilettes jouaient à la bête hombrée;
mais M. Tringle avait pensé que cette
queue frétillante, en même temps qu'elle
l'exempterait du jeu, trémousserait assez par elle-même
pour lutter avec les jambes agiles des danseurs en renom.

Tout un avenir de bonheur se rattachait à ce costume
de diable, car depuis quelque temps M. Tringle gémissait en secret sur son état de vieux garçon, et ne demandait qu'à partager ses trois mille
francs de revenu avec une jeune
fille qui lui en apporterait au
moins le double.

Comme Mlle Brou parut
offrir au célibataire les qualités
qu'il attendait d'une compagne,
c'est-à-dire six mille livres de
rente, plus d'une fois, en pas-
sant devant la boutique du
perruquier, M. Tringle admira, voltigeant au vent, le

costume de diable qui devait le poser dans le monde.

— Qu'on doit être léger sous ce costume! pensait M. Tringle, regrettant de n'avoir pas assoupli ses jambes dans sa jeunesse.

A la faveur d'un quadrille il espérait s'entretenir avec Mlle Brou, faire parade de galanterie, se montrer plein d'attention pendant le cotillon et subjuguer le cœur de la jeune fille par des prouesses de danse d'autant plus remarquables que nul ne les avait soupçonnées jusque-là.

A peine le célibataire entrait-il dans le salon des Brou qu'il était accaparé par les joueurs :

— Nous allons organiser une bête hombrée, voilà M. Tringle, s'écriait la maîtresse de la maison.

En même temps on entendait la voix de perroquet d'une vieille douairière, joueuse enragée :

— Monsieur Tringle, monsieur Tringle, monsieur Tringle !

M. Tringle n'avait pas déposé son chapeau qu'un certain M. Paf, capitaine dans la garde nationale, assis à la table de jeu, s'écriait, comme s'il eût fait l'appel des hommes de sa compagnie :

— Tringle !

— Allons, cher monsieur Tringle, chacun vous réclame, disait Mme Brou en poussant familièrement le célibataire du côté du fastidieux tapis vert.

10

Ces raisons et bien d'autres militèrent en faveur du costume de diable. Cependant M. Tringle n'osa s'ouvrir de son projet à la vieille servante qui depuis dix-huit ans dirigeait son ménage.

Comment Thérèse accueillerait-elle l'idée de voir son maître travesti de la sorte ? Nécessairement elle trouverait mille objections ; peut-être pressentirait-elle que sous ce costume M. Tringle cachait l'intention de se rapprocher de Mlle Brou, de lui avouer sa flamme, et postérieurement de l'amener dans la rue Tirelire en qualité de maîtresse de maison.

Thérèse, qui gouvernait à son gré le célibataire, n'eût-elle pas alors mis tout en œuvre pour faire échouer ce projet ?

Ils sont rares, les vieux garçons qui, pour échapper aux chaînes du mariage, n'ont pas leur vie prise dans des liens mille fois plus assujettissants.

Un quart d'heure en retard valait à M. Tringle des commentaires sans nombre de Thérèse sur l'événement extraordinaire qui avait fait bouillir le pot-au-feu quinze minutes de plus sur le fourneau.

Quelles imaginations s'empareraient de la gouvernante à l'annonce de la soirée !

M. Tringle, contre son habitude, resta muet ; mais les petites langues de feu qui s'échappaient de son foyer le soir, et qu'on dit annoncer *une nouvelle,* lui remettaient sans cesse en mémoire la dot qui brillait à l'horizon.

Des suites du bal travesti découlait la conquête de cette dot. Et comme les désirs concentrés sont ceux auxquels s'accrochent les plus longues racines, le célibataire s'endormait rarement sans rêver au 8 février, époque à laquelle Mme Brou donnait sa soirée.

II

Le 8 février étant arrivé, M. Tringle entra mystérieusement le soir dans l'arrière-boutique du perruquier Chabre, souriant de la bonne plaisanterie qu'il avait imaginée.

— Vous costumerez-vous, monsieur Tringle? avaient demandé huit jours auparavant les dames Brou.

— Ma santé délicate s'y oppose, vous le savez, mesdames.

Et il était sorti avec un sourire vraiment diabolique, défiant quiconque de le reconnaître sous le travestissement qu'il méditait.

— Que dites-vous de ceci, monsieur Tringle? lui demanda non sans orgueil le perruquier Chabre en lui présentant une sorte de manchon effaré.

M. Tringle considéra longuement le bizarre objet.

— C'est votre perruque... Ah! vous serez impayable là-dessous.

— Impayable, oui, il faut l'espérer, dit M. Tringle en regardant avec stupéfaction l'agencement de peaux de chat et de peaux de lapin dans les poils desquelles le perruquier donnait de frénétiques coups de peigne.

— Ainsi coiffé, monsieur Tringle, vous devez enlever tous les suffrages de la soirée ?

— Le croyez-vous vraiment, monsieur Chabre? Je n'en suis pas certain, mais puisqu'un homme de votre compétence l'affirme...

— Non, jamais aux Ilettes on n'aura vu de plus admirable travestissement.

— Vous connaissez, sans doute, monsieur Chabre, quelques-uns des costumes de la soirée ?

— Ne me parlez pas des bourgeois des Ilettes ! dit le perruquier Chabre, qui était natif d'Agen. Des avares, des liardeurs, des pingres, des panés ! Il n'y a que vous, jusqu'à présent, monsieur Tringle, qui avez loué un costume pour la soirée.

— Allons, tout va bien ! s'écria avec joie le célibataire.

— Aussi chacun reconnaîtra que vous vous êtes mis en frais.

— En frais! pensa l'économe M. Tringle. Au fait, combien me prendrez-vous pour la location?

— Ce diable a coûté fort cher à établir dans le temps, et je ne me chargerais pas de le faire confectionner pour cent écus. Vous allez voir comme vous serez à l'aise dedans, quoique ce soit un collant; l'homme le mieux bâti n'y perd aucun de ses avantages physiques...

— Mais le prix? s'écria M. Tringle.

— Pour six francs vous en verrez la farce.

— Six francs! s'écria M. Tringle.

— C'est le costume le plus gracieux de mon magasin, et il serait usé depuis longtemps si je voulais le louer à nos jeunes gens pour le mardi gras; aussi je ne le confie qu'à des personnes dont je connais le caractère.

— Vous savez, monsieur Chabre, qui je suis.

— Je ne parle pas pour vous, monsieur Tringle. Un homme de votre âge, bien posé, s'amuse doucement; mais ce genre de costume exige tant de ménagements...

— Quels ménagements? demanda M. Tringle.

— Le rouge est une couleur si délicate... Autant de gouttes de punch, autant de taches.

— J'ai horreur des taches, dit le célibataire.

— On le voit à vos effets, monsieur Tringle; c'est pourquoi je n'ai pas besoin de vous recommander de veiller aux rafraîchissements.

Après ces avis, M. Tringle passa dans la chambre à coucher du perruquier et se coula dans la culotte qui tout d'abord le mit en gaieté, car la longue queue, formée d'une sorte de souple fil d'archal, tantôt aiguillonnait ses jambes, tantôt lui caressait le dos.

Ainsi vêtu, M. Tringle s'amusait comme un jeune chat des comédies de sa queue. Personne, en effet, n'eût reconnu à ses attitudes le célibataire qui ne se reconnais-

sait plus lui-même, une agilité sans pareille traversant tous ses membres.

Quand M. Tringle sentit la chaleur de la perruque pénétrer son crâne, et quand il fut en face de la glace que lui présentait le perruquier donnant un dernier coup de peigne dans les poils de chat ébouriffés, le célibataire prit des airs penchés et secoua la tête afin de voir quel rôle

la perruque était appelée à jouer. Chabre ajouta à ces
admirations en bouchonnant les sourcils de M. Tringle
et en leur donnant l'étrange aspect d'un accent circonflexe.

De maigres grains de balayettes ayant été ajoutés à
l'honnête physionomie de M. Tringle, ce fut alors qu'il
se reconnut pour un masque triomphant qui devait enlever le cœur de Mlle Brou.

— Vous êtes à peindre, dit Chabre en bouclant le
costume de telle sorte que M. Tringle se sentait la légèreté d'une plume.

Enthousiasmé, il essaya une gambade devant le mi-
roir.

— C'est à ravir, reprit le perruquier.

— Monsieur Chabre, vous voulez me flatter.

— De la légèreté, de la souplesse, de la distinction
sont trop rares parmi nos messieurs d'aujourd'hui pour
que je n'y applaudisse pas.

M. Tringle sauta de joie à la hauteur du comptoir.

— Un peu de prudence, monsieur Tringle ; je vous
recommande de ne pas trop écarter les jambes, à cause
du collant. Le noir brûle l'étoffe ; mais en dansant avec
précaution, il n'arrivera pas malheur de ce côté.

De nouveau, M. Tringle tenta quelques entrechats
mélangés d'agréables pirouettes.

— Qui croirait qu'un homme habituellement réservé
dans ses manières peut être aussi gai ? s'écriait M. Chabre.

M. Tringle n'écoutait plus. L'orgueil d'apparaître dans son costume chez les Brou l'entraînait au dehors.

— Votre manteau, monsieur Tringle, cria le perruquier. Il fait froid, je vous avertis.

Mais déjà le célibataire bondissait par les rues, faisant en plein air la répétition d'un pas de diable qu'il venait d'imaginer.

III

La bise soufflait, les girouettes grinçaient des dents
sur les toits, et un cœur en tôle qui servait d'enseigne à
un marchand de tabac gémissait d'être battu par les vents.

Qui le croirait? M. Tringle grimpa sur une borne,
enleva le cœur de tôle et le jeta
par-dessus les murs du couvent des
Dames de la Providence.

M. Tringle était entré au naturel
dans son rôle de diable.

Un matou sortait tranquille d'un sou-
pirail, se rendant à l'invitation d'une chatte
qui voulait bien le recevoir sur un toit
voisin. M. Tringle lui barra le passage, se
tenant immobile devant lui, comme s'il
eût voulu magnétiser ses grands yeux
verts; mais le matou échappa par un cro-
chet, et M. Tringle se mit à sa poursuite en poussant
plusieurs terribles *Ah! chat!* de nature à troubler le
repos des habitants de la cité.

Un brave savetier possédait depuis des temps immémoriaux une vieille statue en bois de saint Crépin, sous le patronage duquel était placée sa boutique. M. Tringle, ne pouvant parvenir à desceller le père des cordonniers de sa niche, cassa la tête de saint Crépin, un martyr, et la jeta à la tête du matou.

Étranges effets d'un costume de diable!

Le coutelier-repasseur de la ville tient en même temps des instruments d'optique; de grandes lunettes à verres de couleur servent d'enseigne à son commerce. M. Tringle décrocha les grandes lunettes et les fracassa contre un mur.

A cette heure il ne respectait rien, pas même les panonceaux dorés du notaire, qu'il jeta dans une cave voisine, après avoir foulé aux pieds les emblèmes de la loi.

Une lanterne allumée à la porte du commissaire témoignait des yeux toujours ouverts de la police.

M. Tringle s'empara de la lanterne et l'envoya tenir compagnie aux panonceaux du notaire.

Le criminel le plus éhonté eût hésité à enlever cet

emblème du gardien de l'ordre dans la cité des Ilettes.

Sans remords, M. Tringle commit ce nouveau méfait.

Le quartier était plongé dans l'obscurité, le célibataire s'attaqua aux sonnettes et aux marteaux des portes des principaux fonctionnaires de la ville, comme s'il eût voulu braver les personnes les plus importantes du pays.

On eût à peine pardonné de tels excès à un ivrogne; M. Tringle semblait grisé par son costume.

A l'aide de la corde du puits communal, qu'il enleva aux embrassements de la poulie, M. Tringle brisa une longue arquebuse en bois qui faisait l'admiration des paysans, devant la boutique du principal armurier de la ville.

Il arracha la cocarde d'or d'un grand chapeau à cornes rouge qu'il ne put desceller de la devanture d'un chapelier.

Ce ne fut qu'après de vains efforts que M. Tringle abandonna un tableau représentant deux enfants nichés dans le cœur d'un chou, qui indiquait que là résidait une maîtresse sage-femme recevant des pensionnaires. Et pourtant, de sang-froid, M. Tringle n'eût pas troublé cette maison, craignant que les dames pensionnaires ne l'aperçussent et ne communiquassent à leur fruit un aspect diabolique.

Ce que M. Tringle causa de dégâts en se rendant à la maison Brou, fut immense.

Volets, grands cuviers, persiennes, seaux, cabriolets remisés, il renversa tout sur son passage, et ce fut dans un état de surexcitation fiévreuse qu'il arriva à la soirée, ayant trouvé dans ces déprédations une agilité névralgique endormie depuis bien des années.

IV

Plein d'ivresse, M. Tringle enfila le corridor qui conduit au premier étage de la maison habitée par les Brou, se demandant de quelle façon il entrerait. Devait-il paraître la tête en bas, les jambes en l'air, ou se présenter avec une exquise politesse, en galant chevalier français?

M. Tringle s'abandonna à l'inspiration du moment; ayant modéré ses frénésies, qui faisaient un ennemi de chaque sonnette qu'il avait rencontrée sur son chemin, discrètement il tira le cordon.

Un bruit léger se fit entendre à l'intérieur, et Mlle Brou elle-même vint ouvrir la porte.

— Mademoiselle, dit M. Tringle, se ployant en deux, de telle sorte que sa queue en trompette (comme il se dit familièrement) se mit en frais de politesse frétillante.

La physionomie de Mlle Brou ne laissait paraître d'habitude que de rares impressions, et offrait quelque ressemblance avec les poupées des marchandes de modes,

assistant dans leur vitrine au passage d'un bataillon de
cavalerie. Aussi parut-elle démesurément étonnée.

— Madame votre mère se porte bien? reprit
M. Tringle qui redoubla d'affabilité.

En même temps, M. Tringle entra dans le vestibule

et se trouva sur le seuil de la salle à manger, où Mme Brou,
entourée d'étoffes, était assise près d'une table éclairée
par une lampe.

Non sans dépit M. Tringle se dit :

— Je suis arrivé trop tôt.

Toutefois il n'en salua pas moins respectueusement
Mme Brou qui, laissant couler un regard de côté sous ses
« conserves », regardait avec des lèvres pincées l'être

bizarre qui sollicitait la faveur de déposer ses hommages
à ses pieds.

Mlle Brou s'était assise près de sa mère, et les deux
dames se communiquaient leurs muettes impressions avec
des regards si étonnés que M. Tringle crut d'abord qu'un
accroc avait détérioré le brillant costume du diable pendant ses folies à travers les rues.

Un certain silence succéda à cette fâcheuse arrivée,
M. Tringle se gendarmant d'être arrivé sitôt.

— Pardon, monsieur, dit Mme Brou, faisant de visibles
efforts pour engager la conversation.

— Madame...

Embarrassé, M. Tringle n'en dit pas davantage. Les
yeux baissés, il sentait les regards de Mme Brou le par-
courir des pieds à la tête, depuis les griffes jusqu'à la
perruque. Inquiet comme un soldat devant un officier
sévère, il se demandait :

— Suis-je irréprochable?

Mme Brou ayant encore une fois regardé sa fille,
comme pour prendre conseil avant d'ouvrir le feu :

— Je ne vous remets pas au premier coup d'œil, monsieur, dit-elle.

Ce qui entraîna M. Tringle à des éclats de rire considérables.

Son effet était obtenu !

Mais le célibataire s'aperçut que Mme Brou ne goûtait
pas cette gaie humeur.

Les lèvres des dames se pinçaient. D'un signe plein de noblesse Mme Brou fit signe à sa fille de se tenir droite.

On eût dit des juges allant rendre leur arrêt.

— Eh quoi! mesdames, ne me reconnaissez-vous pas? demanda M. Tringle, fier de son déguisement.

Encore une fois le célibataire passa sous la toise de regards sévères et perçants, et un nouveau silence succéda à cette singulière présentation, pendant laquelle les ciseaux de la mère et de la fille faisaient de grands *crac crac* dans les étoffes.

— Ces dames sont en retard pour leurs costumes? se hasarda à dire M. Tringle.

Mais comme on ne lui répondait pas, une pointe de mauvaise humeur s'empara du célibataire, qui pensa qu'en ces sortes de fêtes l'heure devrait être mise au bas des lettres d'invitation.

Les moustaches gommées, commençant à tirer la peau des joues et des lèvres, donnaient à M. Tringle de furieuses envies de se gratter; en même temps des gouttes de sueur produites par l'épaisseur de la perruque descendaient silencieusement sur l'accent circonflexe des sourcils, s'arrêtaient au bord des cils, tombaient sur le fard des joues et inquiétaient M. Tringle qui n'osait se regarder dans une glace, craignant que l'harmonie de sa physionomie ne fût détruite.

— Il fait bien bon chez vous, mesdames, se hasarda-t-il à dire.

12

Intérieurement, le célibataire espérait goûter aux rafraîchissements de la soirée, car les exercices de la route l'avaient altéré outre mesure.

Les dames Brou ne parurent pas comprendre cette demande, laissant M. Tringle étonné de la tranquillité de la maîtresse de la maison, qui, à cette heure, aurait dû préparer les gâteaux, le sirop et le punch.

Aucune odeur n'arrivait de l'extérieur. Certainement le punch ne chantait pas à l'office dans la bouilloire.

— Si encore quelque masque entrait, se disait M. Tringle. Un costume nouveau détournerait de moi ces terribles regards.

Mais les invités ne se pressaient pas.

Lentement, bien lentement, le balancier de la pendule annonçait l'insaisissable destruction d'une minute par une autre.

M. Tringle tenta de ranimer la conversation :

— On dit partout, madame, que votre bal sera on ne peut plus brillant.

Encore une fois les ciseaux s'arrêtèrent, et Mme Brou jeta de nouveau un long regard sur M. Tringle, des pieds à la tête.

— Certainement, pensa le célibataire, quelque accroc malséant se fait remarquer sur ma personne.

De ses griffes, car le maillot se prolongeait jusqu'au bout des doigts, M. Tringle se palpa, désespéré de n'avoir pas un plus vif sentiment du toucher.

— Ces dames terminent leur costume, sans doute ? dit-il.

Malgré les morsures des ciseaux qui se jetaient sur l'étoffe avec l'avidité d'un brochet, le célibataire se demandait à quelle heure avancée de la nuit ces étoffes seraient cousues. Et comme il manifestait son regret de ne pouvoir déjà admirer les dames dans tout le déploiement de leur costume :

— A quoi bon nous habiller huit jours avant le bal? dit Mlle Brou.

— Huit jours avant le bal? s'écria M. Tringle, grand Dieu!

— Nous ne sommes pas invitées à la soirée où vous vous rendez, monsieur, dit Mme Brou qui alluma une bougie et se leva pour indiquer au mauvais plaisant que sa visite s'était déjà trop longtemps prolongée.

— Le bal n'a-t-il pas lieu aujourd'hui? reprit le célibataire d'une voix altérée.

— J'ai eu l'honneur de vous dire, monsieur, que notre salon ouvrira le 18 de ce mois.

M. Tringle bondit sur sa chaise.

— Le 18! s'écria-t-il. La lettre d'invitation portait le 8 février. Ah! pauvre Tringle!

— Comment! demanda Mme Brou, vous seriez M. Tringle?

Mais c'était au tour du célibataire de ne plus répondre. La perruque plongée dans les mains, il songeait à la sotte entrée qu'il avait faite dans la maison.

— Fâcheux contretemps, monsieur Tringle, disait
M== Brou. Je me demandais aussi quelle étrange idée
poussait un inconnu à nous rendre visite dans ce costume...

M. Tringle n'écoutait plus : son front ruisselait de
sueur. De quel ridicule ne se couvrait-il pas vis-à-vis de
M== Brou, dont la physionomie si calme d'habitude prenait des teintes de raillerie !

S'habiller en diable huit jours avant le bal, cela ne
s'était jamais vu. Un déguisement si bizarre pouvait-il
se porter deux fois ?

Et cette queue sur les agaceries de laquelle M. Tringle
comptait, il faisait maintenant mille efforts pour la dissimuler derrière le fauteuil : mais il n'y parvenait qu'avec
peine, tant le ressort était souple. Au moindre mouvement, la houppette inconvenante qui la terminait apparaissait sur les bras du fauteuil, tantôt d'un côté, tantôt de
l'autre.

V

AMÉNITÉS DES DAMES BROU.

Le sentiment qu'un être possède de sa situation ridicule est de ceux qui paralysent les plus heureuses facultés. M. Tringle en était arrivé à s'asseoir comme un solliciteur, tout à fait sur le bord du fauteuil.

— Le perruquier aurait au moins dû vous prévenir, monsieur Tringle, qu'il n'y avait pas de soirée aujourd'hui chez moi, et que je n'avais pas pour habitude de recevoir un vendredi.

M. Tringle, quoique accablé, sentit que Mme Brou lui reprochait son indiscrète visite ; mais la honte le clouait sur le fauteuil et l'empêchait de prendre congé des dames.

— En effet, dit M. Tringle, M. Chabre m'avait annoncé que personne ne s'était fourni de costume dans son magasin.

— Loue-t-on des costumes chez ce perruquier? ajouta Mlle Brou d'un ton dédaigneux.

— Chabre vous a joué un mauvais tour, monsieur Tringle, reprit Mme Brou.

— Il voulait enfin placer un costume accroché depuis tant d'années à sa fenêtre, répliqua Mlle Brou.

Ainsi Mlle Brou méprisait le costume du diable !

— Il y a bien trente ans que je vois ce diable pendu au premier étage de Chabre, dit Mme Brou.

— L'a-t-on décroché pour vous? demanda malicieusement Mlle Brou.

— C'est une indignité que d'affubler un homme d'un pareil nid à poussière ! reprit la mère.

— J'ai vu un jour des hirondelles s'envoler du fond du pantalon, continua méchamment Mlle Brou ; certainement elles y faisaient leur nid.

— S'il n'y avait que des hirondelles, ajouta Mme Brou ; mais des moisissures et d'horribles toiles d'araignée...

M. Tringle tressauta ; il sentait des fourmillements par tout le corps et les blessures faites à son amour-propre étaient tellement considérables qu'il eût pris en haine les deux dames, si les six mille livres de rente de Mlle Brou n'eussent pallié ces sarcasmes.

— Pourquoi ne pas nous avoir consultées, monsieur Tringle, sur le choix de votre travestissement.

— Je croyais, madame, que ce costume obtiendrait quelque succès.

— Oh! fit dédaigneusement Mlle Brou.

— Vous avez encore huit jours devant vous, reprit Mme Brou... Nous organisons un bal Louis XIII... Tenez, voici du jaconas dans lequel ma fille et moi taillons des

costumes de marquise... Ce sera très distingué... L'époque Louis XIII est féconde en costumes... A votre place,
monsieur Tringle, je chercherais dans les costumes
Louis XIII.

— Un diable Louis XIII ! s'écria M. Tringle.

— Non, non, plus de diable... Vous seriez beaucoup
mieux en seigneur.

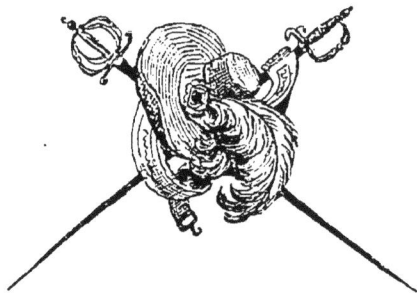

VI

QUEL EFFET LE DÉGUISEMENT
DE M. TRINGLE PRODUISIT SUR M. BROU.

En ce moment on sonna à la porte et M. Brou entra.

— Qu'est-ce que cela? dit-il en faisant le tour de
M. Tringle.

— Monsieur Brou, dit sa femme, c'est ce pauvre
M. Tringle qui s'est imaginé que
notre bal costumé se donnait aujour-
d'hui.

— Tringle en diable ! s'écria
M. Brou... Mais personne ne vous
reconnaîtrait en pareil équipage,
mon cher... Allons, levez-vous, qu'on vous voie.

— Dispensez-m'en, je vous en prie, disait M. Tringle
vissé sur son fauteuil.

— Comment ! vous ne voulez pas qu'on vous admire
sur toutes les faces?

D'une main suppliante M. Tringle faisait signe qu'on
le dispensât de cette exhibition.

— Vous semblez gêné là dedans, monsieur Tringle, disait Mme Brou continuant son examen.

La pendule sonna minuit.

— Madame Brou, il est temps de te coucher, dit le mari.

C'était une façon de prévenir M. Tringle de l'heure du départ; alors le célibataire regretta d'avoir laissé chez le perruquier son manteau qui lui eût servi à dissimuler la queue malencontreuse. Ayant fait mille excuses aux dames, M. Tringle sortit de l'appartement, à reculons, cherchant à cacher sa queue qui toujours sautillait et ne s'associait en aucune sorte à sa mélancolie.

Dans le corridor, M. Brou prit une mine grave.

— Monsieur Tringle, dit-il, je ne suis pas dupe de vos contes. On ne vient pas en soirée le 8 février quand on est invité pour le 18. J'ai fait assez de chiffres en ma qualité de comptable à la recette pour en connaître la valeur... Sachez que je ne me suis jamais trompé dans mes écritures... Ma fille, monsieur, est à marier, vous ne l'ignorez pas, et il est peu convenable de se présenter sous un tel costume auprès d'une jeune fille, même protégée par l'aile de sa mère... Aussitôt entré, vous deviez réparer cette erreur en vous retirant.

M. Tringle tenta d'ouvrir la bouche pour se défendre; mais M. Brou n'avait pas terminé son discours. D'un geste il imposa silence au célibataire et continua :

— Vous avez osé rester près de trois heures assis à

13

mon foyer, sans craindre le ridicule d'un costume qui prouve médiocrement en faveur de la noblesse de vos sentiments! Je ne vous dis pas au revoir, monsieur, espérant que vous comprendrez combien serait déplacée votre présence à ma prochaine soirée.

Après avoir ainsi parlé, M. Brou ouvrit la porte et la referma avec fracas sur M. Tringle atterré.

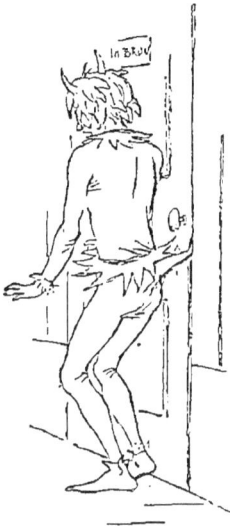

Les philosophes de toutes les nations sont d'accord pour témoigner qu'un malheur n'arrive jamais seul. Quel ne fut pas l'émoi de M. Tringle quand, voulant descendre l'escalier, il se sentit arrêté par le dos !

Sa queue de diable était prise dans la porte !

Dans la porte d'une maison d'où M. Tringle venait d'être congédié !

Tout d'abord l'idée de sonner vint au célibataire ; mais il fallait se présenter une fois de plus en face d'un homme qui semblait ne pas goûter les plaisanteries.

Une demi-heure d'anéantissement avait succédé à la fermeture de la porte. Les dames étaient certainement couchées, et sans doute aussi le sévère M. Brou.

De quels brocards serait nécessairement poursuivi M. Tringle dans la ville, si les plaisants avaient connaissance de cette désagréable aventure.

— Le mieux, pensa le célibataire, serait de me débarrasser de cette maudite queue en la coupant.

Mais M. Tringle n'avait ni couteau ni canif dans son collant.

Un prisonnier qui a combiné une fuite dans de longues heures de détention, et se trouve tout à coup en face d'obstacles impossibles à franchir, n'est pas plus atterré que M. Tringle ; car le célibataire, d'une imagination peu féconde en ressources, avait mené jusque-là une vie calme, où les émotions et les accidents prenaient une place médiocre.

Si encore un locataire du second étage était rentré, M. Tringle l'eût supplié de lui prêter assistance ! Mais le logement au-dessus de la famille Brou était occupé par une vieille dame qui se couchait régulièrement à la tombée de la nuit.

Vers une heure du matin, M. Tringle sentit le froid le gagner, quoiqu'il s'agitât en tout sens, avec assez de précaution toutefois, pour ne pas réveiller la famille Brou.

Combien Chabre, le perruquier, avait été calomnié. Si le costume eût été aussi délabré que l'affirmaient les dames Brou, certainement, à la suite de ces efforts, la queue ne fût pas restée attachée si solidement au fond de la culotte.

A deux heures du matin, le froid augmenta. La mince étoffe du costume donnait passage à douze degrés pour le moins, qui s'introduisaient dans le collant et glaçaient le sang du malheureux Tringle.

Au risque d'être anathématisé par M. Brou, M. Tringle se dit : — Je vais sonner.

Vaguement, pendant un quart d'heure, il étendit à tâtons les mains dans les moulures du chambranle de la porte, sans pouvoir saisir le cordon de la sonnette, que pourtant il se rappelait exister à gauche ; mais la queue étant prise presque à ras ne laissait pas aux bras assez d'espace pour atteindre la sonnette.

— J'en ai trop cassé dans la ville, pensa M. Tringle, je suis puni par où j'ai péché.

A cette heure, M. Tringle, quoiqu'il fût de nature peu dépensière, eût volontiers donné vingt sous par tête de sonnettes qu'il avait si méchamment détruites en se rendant chez les Brou.

Des remords tardifs s'emparaient de M. Tringle ; pourtant, plein d'anxiété, le célibataire se demandait si un moment de surexcitation fiévreuse devait être payé par de telles tortures.

Comme la Providence jette parfois un regard de pitié sur ceux qui se repentent, M. Tringle, ayant tout à coup frotté son dos contre la porte pour s'échauffer, s'aperçut que le bouton de cuivre faisait un imperceptible mouvement.

Un rayon de lumière qui luit au fond de catacombes où un malheureux s'est égaré, n'est pas accueilli avec plus de joie.

Se tournant de profil autant que sa queue le lui permettait, M. Tringle saisit le bouton de la porte et reconnut qu'il n'était que vissé dans le bois; mais quand, après maints efforts, le célibataire se rendit maître du bouton de cuivre, il jugea qu'il lui servirait médiocrement pour ouvrir la porte et dégager sa queue.

En palpant le bouton de cuivre, une idée vint à M. Tringle. Il se dit qu'à l'aide de la spirale de la vis il pourrait scier cette queue malencontreuse qui l'attachait, comme Prométhée, à un rocher ridicule.

Les recommandations de Chabre à propos du fameux costume lui revinrent bien un instant à l'esprit; mais la joie d'une délivrance prochaine fut si grande que M. Tringle, sans s'inquiéter de ce qu'en penserait le perruquier, ayant laissé dans la porte la majeure partie de sa queue, descendit précipitamment les escaliers, songeant à son lit bien bordé, dans lequel un profond sommeil enlèverait le souvenir de cette fâcheuse mésaventure.

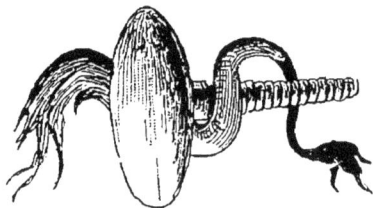

VII

La brise était vive au dehors ; mais le bonheur de se voir délivré fit que M. Tringle oublia la froidure.

On pense avec quelle émotion le célibataire revit la porte de sa maison. Enfin il allait rentrer dans ses foyers !

Il frappa, heureux de retrouver sa vieille gouvernante.

Thérèse ne répondit pas au premier coup de marteau, ni au second, ni au troisième. Alors M. Tringle se repentit d'avoir caché le secret à sa bonne.

Une sonnette était logée dans un coin de la porte. M. Tringle l'agita vivement, et un bruit d'espagnolette se fit entendre au premier étage. Un volet fut ouvert à l'intérieur, puis une fenêtre. Après un accès de toux, Thérèse demanda d'une voix mi-endormie, mi-inquiète :

— Qui est là ?

— Moi, dit en grelottant M. Tringle.

— Qui, vous ?

— Tringle.

— Monsieur ! Est-il possible ?

— Ouvre-moi, Thérèse !

— Monsieur n'est donc pas rentré ?

— Tu le vois bien, Thérèse, disait M. Tringle en sau-
tillant sur ses pieds.

— D'où peut venir monsieur, à cette heure ?

— Thérèse, je t'en prie, ouvre vite !

Tout en grommelant, la vieille gouvernante ferma la
fenêtre, puis le volet, et un instant de silence se fit pendant lequel M. Tringle soupira en songeant qu'il touchait
au terme de ses maux.

La porte d'entrée de la rue était fermée par un gros verrou que, tous les soirs, Thérèse tirait avant de se coucher.

Il arrivait même qu'à moitié déshabillée, après avoir fait sa prière, Thérèse descendait de nouveau s'assurer que le verrou reposait dans son trou.

Avec quel ravissement M. Tringle entendit grincer l'énorme verrou rouillé ! Un tour de clef dans la serrure de l'intérieur, et M. Tringle entrait enfin en possession de son lit ; mais la défiante Thérèse ne donna pas de prime abord ce tour de clef.

La porte d'entrée donne sur un étroit corridor contigu à la cuisine, où bientôt la lumière brilla à travers les vitres. Thérèse, retranchée derrière les gros barreaux de fer qui protègent les baies du rez-de-chaussée, apparut, une main devant la chandelle, pour protéger la mèche contre le vent.

— Vite, Thérèse, vite, ouvre ! s'écria M. Tringle transi...

— Je vous croyais couché il y a bel âge, monsieur, dit-elle. Qu'est-ce qui vous prend de rentrer à deux heures du matin ?

— Ouvre, Thérèse ; je te dirai cela plus tard.

— Voilà la première fois que cette conduite vous arrive, monsieur.

— C'est la dernière, Thérèse ; ouvre tout de suite.

— Ma parole, j'ai cru à une bande de voleurs.

— Ouvriras-tu? s'écria M. Tringle d'une voix pleine d'irritation.

— Qu'avez-vous pu faire dans les rues si tard? reprenait Thérèse.

— Si tu n'ouvres pas immédiatement, je te chasse!...
La lumière disparut avec Thérèse.

Quoique morfondu, M. Tringle ne voyait pas sans une certaine satisfaction les défiances de sa gouvernante. La maison était bien gardée.

Dans un instant, tapi sous un excellent édredon, M. Tringle, pelotonné comme une caille, sentirait la bise qui avait pénétré tous ses membres se dissiper et être remplacée par d'agréables rêves.

A la place de l'excellent édredon, M. Tringle reçut en pleine poitrine le contenu d'un énorme seau d'eau.

— Tu me le payeras, scélérate, s'écria M. Tringle, se frictionnant plein de rage.

Ce sont là de ces coups inattendus qui terrassent les caractères les plus robustes. La colère, le froid, faisaient que maintenant M. Tringle restait muet, plus honteux qu'un chat tombé dans un baquet d'eau.

Décidément la maison était trop bien gardée.

Que faire?

Avec une lueur d'espoir M. Tringle appela de nouveau :

— Thérèse, Thérèse !
Mais le rez-de-chaussée retomba dans le silence.

14

— Thérèse, Thérèse! reprit M. Tringle d'une voix suppliante.

— Tiens, sauvage! s'écria la gouvernante.

Et une seconde trombe d'eau jaillit du premier étage sur la tête de M. Tringle, qui, pour échapper à ces effroyables douches, s'enfuit hors de lui, grelottant, poursuivi par les aigres malédictions de la vieille Thérèse, qui avait aperçu à la lueur de la chandelle un être épouvantable et cornu, imitant vraisemblablement la voix de son maître, pour exercer des maléfices dans une maison où suivant elle M. Tringle était, à cette heure, paisible et endormi.

VIII

NOUVELLES AVENTURES DE M. TRINGLE
EN PLEINE CAMPAGNE.

Morfondu, trempé jusqu'aux os, craignant d'être re-
couvert d'une enveloppe de glace s'il restait immobile,
M. Tringle traversa la ville comme un cheval échappé.

Sans savoir où il allait, le célibataire bientôt se trouva
en pleine campagne, sur une route blanche, sèche et so-
nore, bordée de maigres buissons qui n'offraient aucun
asile.

La lune envoyait de pâles baisers aux cristallisations
des brindilles des arbres et les glaçons craquaient sous les
pieds de M. Tringle qui s'écria :

— Faut-il ainsi périr !

Cependant, tout au loin, une petite lueur lui sembla
la réponse de la Providence, qui ne voulait pas encore la
mort du pécheur.

M. Tringle prit sa course dans les environs de la lumière.

— Le plus inhumain des mortels, pensait-il, ne me
refusera pas assistance à cette heure.

En avançant, M. Tringle s'aperçut que cette lumière s'échappait d'une fenêtre d'un hameau, éloigné d'une lieue de la ville. Comme il connaissait les fermiers qui venaient vendre leurs produits au marché :

— Au moins, se dit-il, pourrai-je emprunter quelque chaude limousine et revenir aux Ilettes sans trop de ridicule.

Arrivé devant la première maison du hameau, M. Tringle fut reçu par un gros chien enchaîné, dont les aboiements considérables ne déplurent pas au célibataire, car le bruit réveillerait nécessairement les gens de la ferme, auprès desquels il pourrait demander asile.

M. Tringle s'étant approché de la porte charretière, le dogue poussa des hurlements menaçants, qui eussent fait peur à tout autre qu'à un homme nourrissant la pensée que ces aboiements inaccoutumés feraient lever un garçon de ferme.

Le dogue se meurtrissait le cou à tirer la chaîne qui l'attachait à sa niche. La douleur, autant que l'émoi qu'il éprouvait de se trouver en face d'un diable noir et rouge possédant une queue comme lui, donnait à ses aboiements une extrême violence.

Jusque-là, M. Tringle considérait cette rage sans inquiétude. Pourtant le bruit de la chaîne, que vint à casser le dogue par un effort suprême, causa au célibataire une certaine émotion ; mais la porte charretière et les murailles étaient si hautes que le chien ne pouvait passer par-dessus.

Cette illusion ne fut pas de longue durée. Les aboiements qui, un instant, s'étaient perdus dans le lointain, se firent entendre peu à peu avec plus de sonorité. Le dogue revenait sur ses pas par un autre côté de la ferme.

Alors seulement M. Tringle craignit qu'après avoir fait le tour de la propriété le chien n'eût trouvé quelque haie ou franchi quelque muraille basse. Les aboiements redoublaient. A cinquante pas, M. Tringle aperçut le dogue menaçant qui accourait vers lui.

Éperdu, M. Tringle s'élança après les branches d'un

arbre. Son émotion était telle qu'il grimpa jusqu'au sommet sans se rendre compte comment il y était parvenu.

Lui qui n'avait aucune agilité, était arrivé, par l'effroi du danger, à se hisser au haut d'un arbre au pied duquel le dogue aboyait, roulant des yeux sanglants, ouvrant une large gueule, garnie de crocs, tournant autour du tronc, comme s'il eût cherché le chemin qu'avait pris son ennemi.

Cramponné aux branches, M. Tringle se sentit momentanément hors de danger; mais la première émotion passée, le célibataire, raidi par le froid, se demanda avec terreur comment il pourrait échapper à la gueule du terrible chien dont les tournoiements avaient quelque chose de vertigineux.

L'arbre longeait le mur de la ferme; au mur était adossée une cabane dont la cheminée laissait passer un maigre filet de fumée. M. Tringle n'hésita pas à quitter cet arbre dont le contact le glaçait. Avec une extrême prudence il sauta sur le mur de la ferme, malgré les aboiements du chien. Là, s'étant appuyé sur le rebord de la large cheminée, M. Tringle entendit une voix de femme qui lui parut d'une douceur angélique.

Descendre par la cheminée fut un voyage plus rapide que M. Tringle ne se l'était imaginé; s'il en résulta quelques écorniflures pour le nez et les genoux, M. Tringle tomba sans trop de mal sur un lit de cendres.

Seulement deux cris d'effroi accueillirent son arrivée.

La vachère festoyait cette nuit-là même avec un garçon de labour. Tous deux poussèrent de tels cris que
M. Tringle, effrayé, ne fit que traverser la chambre,
ayant aperçu un escalier qui conduit à la cour de la ferme;
mais les aboiements du dogue continuant de l'autre côté
du mur, M. Tringle, pour dérouter l'animal, ouvrit une
petite porte, et, après une course à travers champs, se
trouva au cœur du hameau, où il commença à respirer.

IX

Toutes les maisons du hameau étaient plongées dans un profond silence, sauf une masure à travers les volets de laquelle s'agitait une faible lumière. La porte donnant sur la rue était entre-bâillée. M. Tringle entra, et la première chose qu'il entrevit fut un feu brillant.

— Enfin ! s'écria-t-il, car il ne rêvait que flammes vives pour sécher son habit de diable.

— Est-ce toi, Pierre? demanda une voix faible qui partait de l'encoignure de la salle.

M. Tringle tourna la tête et n'aperçut qu'un grand lit carré tendu de serge sombre.

— Pierre, est-ce toi? reprit la voix plus faible encore.

Mais M. Tringle semblait changé en statue. Assis sur une chaise basse, sous le manteau de la cheminée, il voyait avec extase l'humidité de son costume s'envoler en vapeur, chassée par la flamme frétillante d'un fagot de sarments.

Un demi-jour régnait dans cette chambre, éclairée

seulement par la lueur d'un *crasset* dont une huile avare arrosait la mèche.

— Pierre, reprit la voix, écoute-moi. J'ai commis bien des mauvaises actions dans ma vie; tâche, mon fils, de ne pas m'imiter.

M. Tringle dressa l'oreille, se demandant s'il devait écouter de telles confidences; mais son costume de diable était à peine à moitié sec. Dans quelques minutes, M. Tringle espérait être assez réchauffé pour sortir de cette singulière maison.

— Pierre, continua la voix, j'ai ruiné plus d'une famille. A ma mort, inquiète-toi des personnes qui m'ont souscrit des obligations; rends-leur les billets sans en toucher le montant... C'est de l'argent mal acquis; il te brûlerait comme il brûle en ce moment ma poitrine.

Alors, M. Tringle se rappela qu'il existait dans le hameau un usurier dont la fortune s'était accrue au préjudice des pauvres gens.

— Pierre, s'écria le moribond, la justice des hommes n'a pu m'atteindre, celle du Seigneur m'accable en ce moment... Je n'ai plus de force... Donne-moi à boire.

M. Tringle hésitait à se montrer; mais la voix suppliante demandait :

— A boire, Pierre.

Ayant décroché le *crasset* et s'étant dirigé vers le lit, M. Tringle aperçut une petite fiole sur la table et à côté un verre. Il en versa une rasade; mais l'odeur du tonique

15

formé de vin et de quinquina semblait si ragaillardis-
sante, que M. Tringle n'hésita pas à goûter à cette
liqueur, comptant toutefois en garder assez pour le malade repentant.

Il avait à peine posé ses lèvres aux bords de la fiole
que la porte s'ouvrit, donnant passage à un prêtre, au
notaire, et aux voisins que Pierre, le fils du malade, avait
prévenus des derniers moments de l'usurier.

Effrayé, M. Tringle laissa tomber la topette.

Tous poussèrent un cri, se croyant en présence de
Satan lui-même, qui avait profité de la solitude du moribond pour s'emparer de son âme.

— *Vade retro!* s'écria le curé en lançant de l'eau
bénite à la figure de M. Tringle.

M. Tringle n'attendit pas cette adjuration. D'un bond
il passa par-dessus le notaire, qui ne put que lui donner
un coup de la serviette de cuir dans laquelle étaient pré-
parés les papiers testamentaires.

Le fils du mourant était trop accablé de douleur pour
agir; mais les voisins se mirent à la pourchasse de
M. Tringle qui, grâce à la chaleur du foyer, avait repris
quelques forces, car il n'eût pu échapper à la poursuite
des paysans.

S'étant retourné pendant sa fuite, M. Tringle aperçut
des gens armés de gaules et de fléaux, et pensa combien
il lui serait difficile de se soustraire à l'assommement
que lui faisaient présager ces armes.

Un petit bois touffu domine la route à une demi-portée de fusil du hameau. M. Tringle fit un dernier effort pour y arriver ; il lui semblait que ce bois serait pour lui un endroit inexpugnable où ses ennemis ne pourraient le trouver.

Ayant respiré fortement, M. Tringle allongea le pas et se jeta dans le bois, sans craindre de se déchirer aux ronces et épines qui en défendaient l'entrée ; mais toujours sur le pavé de la route résonnaient les souliers ferrés des paysans.

Haletant comme une biche poursuivie par une meute, M. Tringle tournait dans le bois, frémissant des cris de meurtre qui se faisaient entendre de tous côtés.

Une sombre mare, couverte de larges glaïeuls et de nénufars, se rencontra sur la route. M. Tringle s'y jeta au risque de se noyer. Ayant dépisté ses ennemis, qui longèrent en courant le bord de l'eau sans songer que celui qu'ils poursuivaient s'y était réfugié, M. Tringle put sortir la tête de l'eau, respirer et constater que les paysans suivaient une fausse direction, n'ayant pas amené de chiens qui pussent flairer sa piste.

X

AVENTURES EXTRAORDINAIRES.

Blotti dans l'embrasure d'un vieux saule dont la che-
velure formait ombrage au-dessus de la mare, M. Tringle,
frissonnant de froid et de terreur, se dit qu'il n'échappait
à un danger que pour tomber dans un autre.

Un nouvel élément, l'eau, vint se joindre à son terrible confrère, l'air, pour accabler le célibataire de nouvelles rigueurs. Une pleurésie était le moindre des maux
qui pouvaient atteindre M. Tringle.

Cependant les paysans s'étant éloignés, M. Tringle,
couvert de vase, sortit de la mare; après s'être essuyé
avec les larges feuilles de nénufar, il reprit sa course dans
ce bois touffu qu'il maudissait.

Tout au loin, sous les arbres, pointait un petit jour
qui annonçait la lisière. Après une marche forcée,
M. Tringle se trouva en plein pâturage où un troupeau
de bœufs, broutant une rare herbe, le regardaient avec
des yeux étonnés.

Des brebis paissaient en paix autour d'une cabane de
berger, qu'en ce moment M. Tringle regardait comme un

palais. La porte était ouverte, le berger sans doute sorti. M. Tringle n'hésita pas à traverser le pré pour gagner la cabane. Les bœufs, d'humeur pacifique, s'écartaient et regardaient ce diable qui, vu par leurs gros yeux, devait prendre des proportions démesurément fantastiques.

Tout à coup un immense mugissement se fit entendre.

M. Tringle avait compté sans le taureau. Mis en émoi par la couleur rouge du costume, l'animal apparaissait avec des intentions menaçantes.

Une sueur froide parcourut tout le corps de M. Tringle, qui resta cloué sur place.

On attendrit les cœurs les plus farouches, on n'attendrit pas un taureau.

Celui-ci s'avançait queue battante, œil enflammé, avec un aspect de bestialité brute et féroce, un front carré solide comme une muraille, des cornes courtes et trapues, poussant un cri de guerre semblable à celui du sauvage qui va scalper son adversaire.

Fuir, il n'était plus temps! M. Tringle était entouré des bœufs qui semblaient attendre le combat et jouir du triomphe de leur chef.

Au premier coup, le taureau manqua M. Tringle, qui, malgré sa terreur, remarqua que la féroce brute, dans le dessein de lui traverser la poitrine, baissait la tête.

Ayant parcouru le cercle formé par les bœufs sans y
trouver de défenseur, M. Tringle, toujours poursuivi par
le taureau, eut assez de présence d'esprit pour empoigner
ses cornes : et, au moment où l'animal baissait la tête,

croyant éventrer son ennemi, il sauta sur son dos.

Le taureau poussa un tel beuglement de rage que les
bœufs se reculèrent pour permettre à la colère du roi du
troupeau de se donner carrière.

Alors l'animal bondit, se dressa sur ses pieds de derrière, ainsi qu'un cheval irrité qui veut se débarrasser de
son cavalier; mais M. Tringle était accroché aux cornes

comme s'il y avait été vissé. Quoique meurtri par de vio-
lents soubresauts, il résistait aux ruades, aux sauts de
côté de cette féroce bête.

Poussant un dernier cri de rage, qui attira le berger,
le taureau huma l'air, fit un tour sur lui-même et, excité
par les cris du gardien du troupeau qui criait : *Hé! Frou-*

ment! l'animal, couleur de froment, partit dans une
course désespérée, renversant sur son chemin les jeunes
arbres, foulant aux pieds les branches, sautant les fossés.

Ainsi il traversa le hameau, déjà mis en émoi par la
précédente apparition de M. Tringle.

C'était l'heure à laquelle les paysans vont aux champs.

— Le diable, voilà le diable! s'écrièrent les hommes
et les femmes, les vieillards et les enfants.

Le taureau galopait toujours.

Bientôt M. Tringle entendit la cloche d'alarme du hameau. A cette cloche répondit celle du village voisin, et les habitants, croyant que le feu existait dans les environs, se répandaient sur les routes.

Du regard ils interrogeaient l'horizon et n'apercevaient au loin qu'un cavalier lancé au triple galop, apportant sans doute des nouvelles; mais si les yeux s'ouvraient, les portes se fermaient quand les paysans reconnaissaient que celui qu'ils croyaient un messager n'était autre qu'un diable enfourchant un taureau exaspéré.

La cloche d'alarme redoublant réveillait les cloches des alentours, qui emplissaient l'air de leurs sinistres accents.

Un glas de détresse réveillait les échos des alentours, qui d'habitude répondaient aux chants des bergers.

Sans s'inquiéter de l'effroi des échos, M. Tringle parcourait vallées et montagnes, traversant des rivières sur le dos de sa redoutable monture, qui quelquefois s'arrêtait court, battait l'air de sa queue convulsive, lançait des nuages de vapeur par les naseaux et reprenait sa folle course.

M. Tringle ne sentait plus son corps; il avait conscience seulement qu'il périrait percé de part en part s'il lâchait les cornes de l'animal.

Ainsi l'homme et l'animal traversèrent :

Cormicy, au vieux château;

16

Ciry-Germoise, célèbre par ses récoltes de maïs ;

Leschelles, dont les étrangers admirent les grottes profondes ;

Grandvilliers, connu par son petit vin aigrelet ;

La Bonneville, dont les habitants sont hargneux ;

Courpont, coupé en deux aujourd'hui par un long pont ;

Saint-Pierre-au-Marché, qui fournit de gaillardes servantes ;

Coulombiers, d'où les marchands tirent de si doux fromages ;

Les Ormes, une bourgade perdue dans le feuillage ;

La Tricherie, ainsi nommée par une célèbre partie de dés entre deux seigneurs au moyen âge.

Mais M. Tringle avait autre chose à penser qu'aux antiquités, aux récoltes, aux souvenirs historiques, au bon vin et aux fromages.

Toute son attention était portée vers les cornes du taureau qu'il serrait convulsivement, sans se douter qu'il laissait dans les villages de tout le canton une légende qui devait prendre d'énormes proportions.

Il est certain que des flammes singulières s'échappaient des yeux du taureau, mis en fureur par ce cavalier qu'il ne pouvait désarçonner, tout chétif qu'il fût.

Plus d'une légende doit son origine à des faits moins palpables.

Cette fois, le diable fut vu par des centaines d'individus qui pouvaient attester le costume, les cornes, la course furibonde à travers champs, prés, récoltes, ruisseaux et rivières, le diable et sa monture n'étant arrêtés ni par les pierres, ni par les pieux lancés sur leur passage.

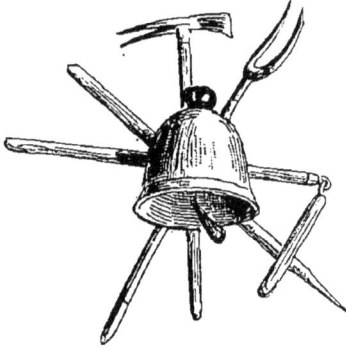

XI

CE QU'ON PENSAIT DANS LA VILLE DE LA DISPARITION DE M. TRINGLE.

Le lendemain du jour où M. Tringle eut la malencontreuse idée de s'habiller en diable, il en résulta une émotion considérable dans la cité des Ilettes.

Thérèse se leva de grand matin pour conter à son maître l'épouvantable vision de la nuit. Après avoir frappé discrètement à la porte de la chambre à coucher du célibataire sans en recevoir de réponse, la vieille gouvernante ouvrit et se sauva effrayée en apercevant le lit encore bordé.

Pleine de terreur, elle fit part de cette aventure aux servantes de la rue Tirelire, qui en répandirent le bruit rue du Chat-Bossu. La nouvelle circula sur la place des Belles-Femmes, pour de là être colportée dans la rue du Petit-Credo. Les gens de l'impasse Gla-

tigny en firent part aux habitants de la ruelle des Oiseaux ;
alors la nouvelle circula dans toute la ville et chacun se
redit la fâcheuse visite de M. Tringle à la famille Brou,
ainsi que sa disparition.

Que pouvait être devenu M. Tringle? Tel était le cri
général pendant qu'à cette heure, accroché au taureau, le
célibataire répandait la terreur parmi les populations voi-
sines.

Certains pensèrent que M. Tringle, honteux de sa
mésaventure, s'était peut-être livré sur sa personne à
quelque acte déraisonnable. Mais l'existence tout entière
du célibataire protestait contre la probabilité de ces vio-
lences.

Cependant de si nombreux dégâts avaient été commis
dans la nuit précédente, que les magistrats s'assemblèrent
chez le sous-préfet pour ouvrir une enquête.

Les habitants, effrayés par les récits de Thérèse,
enfouissaient leur argenterie dans les caves. Il semblait
certain qu'un être malfaisant s'était emparé de la personne de M. Tringle, laissant sur son passage de nombreuses traces de dévastation.

La commission, composée du commissaire de police,
du juge de paix, du maire et du sous-préfet, fit annoncer
à son de tambour un avis pour ordonner aux citoyens la
fermeture des portes à la nuit tombante. On attendit au
lendemain pour convoquer la garde nationale.

Quant au perruquier Chabre, il se désolait plus encore

de la perte de son costume que de la disparition de
M. Tringle. Mélancoliquement assis dans sa boutique et
regardant les fioles d'huile de Macassar que les rayons
d'un mauvais quinquet piquaient de points lumineux, il
était blessé de la joie que manifestaient les galopins de
la ville qui se donnaient rendez-vous devant cette montre
merveilleuse où étaient étalés des masques de carton
bizarres.

Les voisins groupés autour de Chabre cherchaient à
consoler le perruquier, qui, d'une voix altérée, s'écriait :

— Il faudrait être sans cesse sur ses gardes dans le
commerce. M. Tringle n'a pas seulement laissé d'arrhes !
Qui payera mon costume ?

En ce moment, les carreaux volèrent en éclats, et une
sorte de trombe furieuse entra dans la boutique, renversant quinquet, essences, pots de pommade, plats à barbe.

Au dehors, mille voix criaient :

— Arrêtez, arrêtez !

Un groupe de paysans se ruait dans la boutique à la
poursuite du taureau furieux, qui, pourchassé à coups de
fourche, était entré dans la ville et ramenait dans ses
foyers le célibataire meurtri, sur le corps duquel il restait
à peine quelques lambeaux de l'habit du diable.

La foule allait toujours s'amassant sans se rendre
compte de l'événement. Les uns croyaient la boutique
de Chabre renversée par un tremblement de terre ; les
autres, entendant le rappel des tambours des pompiers, se

disaient qu'un violent incendie menaçait la ville. C'étaient des propos inutiles, des paroles sans fin, de sinistres exclamations qui ne trouvaient que trop d'échos dans la foule.

On vit poindre une grande lueur au bout de la rue.

Les pompiers accouraient, portant des torches et entraînant sur leurs pas les habitants épouvantés. Dans la rue, les voisins ouvraient leurs fenêtres et descendaient à demi habillés en gémissant :

— Hélas ! la boutique de Chabre est défoncée !

Les gamins, pleins de joie, parcouraient la ville, criant :

— Au feu, au feu !

La ville des Ilettes, d'habitude si tranquille, semblait en proie à l'incendie et au pillage.

Il fallut l'intervention des autorités pour isoler la boutique du perruquier et y ramener l'ordre.

Alors à la lueur des torches apparut, caché sous le comptoir, M. Tringle qui n'avait plus figure humaine. Barbouillé de suie, son habit de diable en lambeaux, une corne pendante, il s'écriait :

— Grâce ! grâce !

Le taureau, reconnaissant la voix de son terrible cavalier, semblait répondre par un énorme beuglement :

— Pas de pitié !

Le commissaire de police étant entré, le célibataire s'échappa des mains des paysans, qui ne pouvaient croire qu'ils avaient affaire à un être humain.

— Sauvez-moi, monsieur le commissaire, je suis Tringle ! s'écriait-il.

Alors seulement, quoique les autorités conservassent une certaine défiance, le spectre qui prenait le nom du célibataire fut conduit sous bonne escorte en face de Thérèse, qui enfin voulut bien reconnaître son maître. Mais, à la suite de cet événement, M. Tringle passa de longues nuits pleines de remords où lentement défilaient un à un les propriétaires, les boutiquiers, les servantes, les fonctionnaires publics et les magistrats vis-à-vis desquels il s'était rendu coupable de dommages pendant la soirée précédente :

Pour avoir brisé la tête de saint Crépin et la lanterne du commissaire ;

Pour avoir cassé les sonnettes et jeté les seaux dans les caves ;

Pour avoir démantelé le long fusil de bois et les grandes lunettes ;

Pour avoir troublé le repos des dames pensionnaires de la sage-femme.

M. Tringle était châtié !

Voilà où l'avaient conduit les exactions, les dommages envers le prochain, la violation de la propriété, le préjudice causé à d'estimables concitoyens.

Quand M. Tringle guéri put reprendre sa vie tranquille, il lui fallut indemniser le propriétaire du taureau pour l'avoir fourbu.

17

Les paysans réclamèrent des indemnités considérables, tant étaient nombreux les dégâts commis dans la
campagne.

Chabre envoya une forte note pour les réparations de
son costume de diable. Ce fut une occasion de faire
remettre sa boutique à neuf aux frais du célibataire qui,
accablé de ridicule, dut renoncer à l'espoir d'obtenir la
main de Mlle Brou, qu'il ne convoitait que par intérêt.

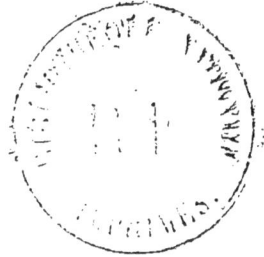

FIN

TABLE DES MATIÈRES

Maison C. ЦКЦ Supérieure
E. Benoit Z. & Frère

www.ingramcontent.com/pod-product-compliance
Lightning Source LLC
Chambersburg PA
CBHW072058090426
42739CB00012B/2809